교육혁명 2030

지금 우리가 아는 학교는 없다

에듀테크 2030

이지은, 이호건,
정훈, 홍정민 지음

교보문고

차례

4차 산업혁명 시대의 교육

근래에 들어 '미래 교육' '미래 교육 전환'이라는 말이 많이 등장하고 있다. 모든 교육이 그렇지만, 우리나라의 교육은 과거부터 지금까지 변함없이 미래를 대비하는 것이 목적이었다. 그런데도 최근에 미래 교육이 핵심 용어로 떠오르게 된 것은 미래를 바라보는 관점이 달라졌기 때문이다.

그동안 우리나라는 선진국의 기술, 산업, 기업 경영 방식 등을 열심히 쫓아가는 패스트 팔로어fast follower로 성장해 왔다. 다시 말해 선진국들의 움직임을 보고 이를 벤치마킹하면서 미래에 대비하는 교육을 해온 것이다. 이때는 미래가 보였다. 길게 보지는 못하더라도 앞으로 수년 또는 10년간 어떻게 변할지 대략적인 예측이 가능했다. 그렇기에 가시적인 미래에 대비한 교육을 할 수 있었다.

제조업 중심의 산업사회는 지금까지 구축해온 토대 위에 새로운 기술을 적용하고, 이에 맞춰 산업의 구조를 조정하면서 발전하는 형태였기 때문에 과거의 경험과 지식을 토대로 하나씩 더해가는 교육을 해왔다. 이것이 미래 교육이었던 셈이다. 그런데 2010년대에 들어서면서 예측 불가능한 미래에 대비하는 교육을 해야 하기에 이르렀다. 바로 4차 산업혁명이 시작되었기 때문이다.

'혁명'의 사전적 의미는 기존의 체제를 전복시킨다는 것이다. 기존의 체제를 완전히 뒤바꾸려는 시도가 있고, 그것이 성공하면 혁명이고 실패하면 반역이다. 통상적으로는 결과를 보고 혁명인지 반역인지를 결정한다. 그런데 이번에는 기존의 산업 체제를 전복시키는 시도를 하자마자 세계경제포럼World Economic Forum의 의장인 클라우스 슈바프Klaus Schwab가 2016년에 출간한 책에서 이를 '4차 산업혁명'이라고 선언했다. 그만큼 첨단 기술의 발달로 미뤄볼 때 기술의 파급력이 산업을 전복시킬 것이 확실했다. 그리고 이는 현실로 우리에게 다가오고 있다.

4차 산업혁명이 언제 시작되었는지 정답은 없지만, 굳이 상징적인 사건을 꼽는다면 2012년에 독일이 발표한 인더스트리 4.0Industry 4.0과 딥러닝deep learning[1] 알고리즘을 실현한 알렉스넷AlexNet의 출현 시기를 꼽을 수 있다. 물론 그 이전에 스마트폰, 페이스북Facebook이나 트위터Tweeter 같은 소셜 미디어 플랫폼, 클라우드 컴퓨팅 등의 발달도 주목할 만하지만, 이는 혁명의 전조 정도로 볼 수 있다.

---

1   컴퓨터가 스스로 외부 데이터를 조합하고 분석하는 기술.

인더스트리 4.0은 독일 정부가 제시한 정책의 하나다. 예를 들어 오프라인 공장 시설에 정보통신기술information and communication technologies, ICT을 접목해 시스템이 공장 시설을 관리하면서 운영 상황을 사람에게 알려주고 원격으로 제어할 수 있게 하는 등 시설과 시스템과 사람의 소통을 통해 업무 효율을 높이는 프로젝트다. 이런 시스템을 CPScyber-physical system: 가상물리 시스템라고 하는데, CPS는 생산공장만이 아니라 교통, 행정, 기업 운영 등 모든 면에 적용할 수 있다. CPS는 산업사회에서 디지털 사회로 전환하며 생산 효율성을 높인다는 면에서는 아주 바람직해 보이지만, 사회적 측면에서 보면 단순하거나 반복적인 업무가 시스템이나 로봇으로 대체되어 중급 및 하급 일자리는 대폭 사라지고 고기능 일자리만 남는 결과로 이어지는 것이다.

한편 4차 산업혁명의 또 다른 시작점인 알렉스넷은 딥러닝을 실생활에 적용해 인공지능artificial Intelligence, AI 서비스를 가능하게 만든 계기가 되어주었다.

인공지능이라는 용어가 나오고 연구가 시작된 시점은 생각보다 오래되었다. 대략 1950년대부터 시작되었으며, 그동안 퍼지 이론fuzzy theory[2], 패턴 인식pattern recognition[3], 머신러닝machine learning[4] 등

---

[2] 객관적인 수치로 평가할 수 없는 문제를 정하려 할 때 수학적으로 접근하려는 이론으로, 0과 1밖에 없는 컴퓨터의 계산에 인간적인 사고를 학습하는 것을 말한다.

[3] 인공지능 연구의 한 분야로, 주변 환경으로부터 반복되는 유사 데이터를 학습해 구별할 수 있게 해주는 기술이며, 음성 인식, 의료 진단 등에 적용된다.

[4] 방대한 데이터를 학습한 컴퓨터가 이를 바탕으로 새로운 문제에 해결책을 내놓는 기술. 이 기술에 인간 뇌의 신경망 네트워크를 모방한 기술을 더한 버전이 딥러닝이다.

의 기술이 나왔다. 다만, 이런 기술들은 실생활에 적용하기에는 한계가 있었다. 1980년대에는 딥러닝 알고리즘을 이용하면 인공지능이 가능할 것이라는 이론은 있었으나 그 실현은 매우 어려웠다. 그러던 중 2012년에 열린 이미지 인식 경진대회ImageNet Large Scale Visual Recognition Challenge, ILSVRC에서 캐나다 토론토 대학교의 알렉스 크리제브스키Alex Krizhevsky와 일리야 수츠케버Ilya Sutskever가 딥러닝을 적용한 알렉스넷으로 우승을 차지했다. 이 대회에서는 이미지 오류율을 얼마나 낮췄는가의 결과로 우승자를 결정하는데, 단 1%를 낮추기도 힘든 경연에서 무려 10% 이상(26% → 15.3%)을 낮추었다. 이 사건이 딥러닝을 활용한 인공지능이 상용화될 수 있는 토대가 되었다.

2010년대에는 첨단 기술을 지칭하는 용어가 다수 등장했다. ABCD는 AI, blockchain블록체인 cloud클라우드5, big data빅데이터를 말하며 ICBM6은 IoTinternet of thing, 이하 사물인터넷7, cloud, big data, mobile모바일의 첫 글자를 딴 것이다. 이러한 첨단 기술들은 자율주행 자동차, 휴머노이드 로봇과 같은 물리적 기기는 물론 전자상거래, 행정업무 처리, 기업 운영 등 실생활에 접목되면서 비즈니스와 생활의 근간을 흔들기 시작했다. 이제는 컴퓨터와 대화하면서 자료를 찾는 오픈 AIOpen AI 사의 챗GPTChat GPT와 구글Google의 바드Bard, 말하는 대로 이미지를 만들어주는 달리Dall-e와 미드저니Mid Journey, 스테이블 디

5　데이터와 소프트웨어를 인터넷과 연결된 중앙컴퓨터에 저장해 인터넷 접속이 가능한 어느 곳에서도 접근할 수 있도록 하는 기술.
6　대륙간탄도미사일이라는 익숙한 용어를 첨단 기술 신조어로 재창조한 것.
7　사물에 센서를 부착해 인터넷을 기반으로 이 사물들이 실시간으로 데이터를 주고받는 기술 또는 환경.

퓨전Stable Diffusion, 파이어플라이Firefly 등 생성형 인공지능 시대가 오고 있다. 생성형 인공지능이란 인공신경망artificial neural network[8]을 활용해 새로운 데이터를 생성하는 기술로, 명령어를 통해 사용자의 의도를 스스로 이해하고 주어진 데이터로 학습하고 이 데이터를 활용해서 텍스트, 이미지, 오디오, 비디오 등 새로운 콘텐츠를 생성해내는 인공지능이다.

지식의 2배 증가 곡선에 의하면 지식의 총량이 2배로 증가하는데 걸리는 시간을 보면 1990년 이전에는 100년이었던 것이 1990년대부터는 25년, 현재는 1년, 2030년이면 3일이 걸린다고 한다. 그 어떤 선생님이 기하급수적으로 늘어나는 수많은 지식을 다 공부하면서 가르칠 수 있을까? 10년 전에는 없던 직업이 지금은 가장 떠오르는 직업이 되고 있으며, 앞으로 어떤 직업이 나오고 어떤 직업이 사라질지 그 누구도 모른다.

우리는 예측할 수 없는, 심지어는 상상할 수 없는 미래를 향해 가고 있다. 확실한 것은 과거의 지식을 토대로 미래에 대응할 수는 없다는 것이다. 이제는 스스로 문제를 찾아서 해결하되, 혼자가 아니라 동료와 협력하고 소통하며 함께해야 하고, 새로운 기술을 잘 활용하는 방법을 익히면서 대응해 나가야 한다.

고기도 먹어본 사람이 잘 먹는다는 말처럼, 공부도 해본 사람이 더 잘할 수 있다. 학습 경험이 그만큼 중요하다는 뜻이다. 학습 경험을 쌓기 위해서는 어릴 때부터 체계적으로 배우고 경험하면서 성장

---

8   통계학적 학습 알고리즘으로, 뇌의 신경망을 모방해 만든 컴퓨터 시스템.

하는 데 중점을 두어야 한다. 그런 점에서 볼 때 공교육은 성장 단계별로 체계적으로 설계되어 있다. 그렇기에 공교육은 필수적이며 교육 과정을 따라 학습하는 것이 매우 중요하다.

다만 해결해야 할 문제가 있다. 첫째는 공교육에서 설계된 교과 과정이 개인의 능력에 맞는 체계가 아니라 해당 나이의 평균에 맞는 설계라는 점이다. 둘째는 학생마다 수업을 따라가는 능력이 다르다는 점이다. 셋째는 주어진 내용을 암기하는 시대는 끝났다는 점이다.

정해진 교육 과정에 따라 배우되 주입식 교육이 아니라 이해하고 토론할 수 있어야 하며, 정보를 찾아 진위를 가려서 활용하는 방법을 배워야 한다. 이를 위해 학교에서는 학습 동기를 일깨워주는 교육, 학생별 개인화된 맞춤형 교육을 해야 한다. 학생 자신이 어떤 것을 알고 어떤 것을 모르는지, 본인이 어떤 방법으로 학습하는 것이 효과적인지, 본인이 문제를 해결해 나가는 방법이 무엇인지 그것을 어떻게 개선해야 하는지 등을 배우는 초인지 교육까지도 필요하다.

학교를 졸업하고 사회에 진출했다고 하더라도 지금처럼 급변하는 사회에서 과거에 배운 지식으로 언제까지 버틸 수 있을까? 특히 성인을 대상으로 하는 교육의 경우, 주어진 틀 속에서 이루어지는 교육의 시대에서, 자신의 목표를 설정하고 그 목표에 맞는 학습 경로를 선택해 역량을 갖춰 나가는 시대로 바뀌고 있다. 이런 경향은 점차 확장해 이제는 고등학교에서도 학점제를 도입하기 시작했다. 이는 학생들도 스스로 필요한 과정을 선택해야 한다는 것이고, 사회에 진출했다면 더더욱 사회 현장과 연결해 즉시 자기 역량을 갖추고, 때로는 지금까지 배운 적이 없는 것을 스스로 배워서 새로운 길을 개척해 나가야 하는 시대가 왔음을 보여준다.

지금까지 해왔던 교육은 전부 바뀌어야 한다. 가르치는 방법, 배우는 방법, 배우는 내용까지 싹 다 갈아엎어야 한다. 성공적인 미래 교육의 길은 험난하다. 교육에 관계된 모든 구성원이 함께 험난한 길을 가야 하기에 함께 공감하고 함께 개척해야 한다. 학생과 교사는 물론 학부모와 학교, 정부까지 모두가 같은 방향을 보고 혁명적 사고를 하면서 나아갈 때, 미래 교육이 이루어지고 밝은 미래가 다가올 것이다.

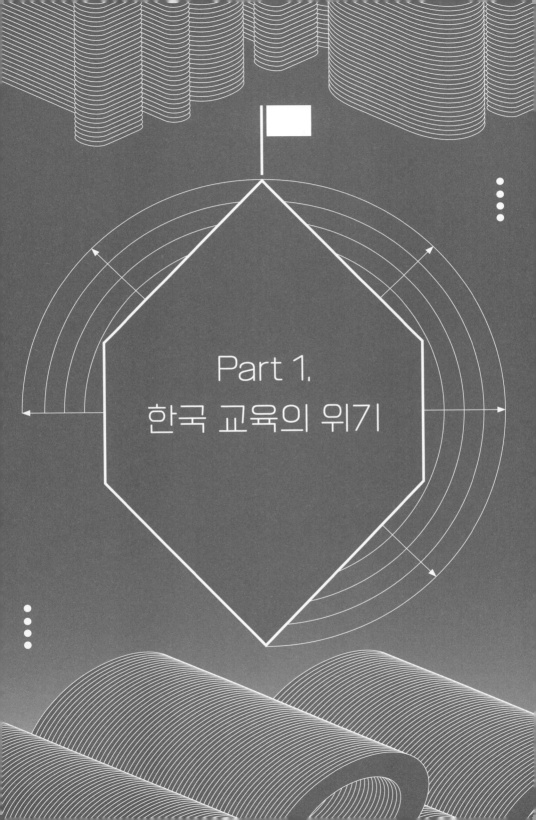

Part 1.
한국 교육의 위기

1.
교육이 한국을 만들었다

한국은 높은 교육열로 발전한 대표적인 나라다. 한국의 1인당 국민소득은 1960년에 156달러에 불과했던 것이 2021년에는 3만 4,984달러까지 올랐다. 60년 사이에 무려 224.3배로 성장했으니 놀랄 만하다. 최근 가장 높은 성장을 한 중국이 1960년 90달러에서 2021년 1만 2,556달러로 144배, 세계 경제를 쥐락펴락하는 미국이 1960년 3,007달러에서 2021년 7만 5,179달러로 25배 성장한 것과 비교하면, 우리가 엄청난 경제적 성장을 이루었다는 사실을 알 수 있다.

우리나라는 개발도상국을 지원하는 원조사업에서도 세계 유일무이한 기록을 가지고 있다. 한국은 1945년에 독립했지만 대한민국 정부가 세워졌음을 해외에 알릴 수 있었던 것은 1948년이다.

1950년 북한의 남침으로 6·25 전쟁이 일어나고 1952년 7월까지 2년간 이어지면서 나라가 피폐해졌다. 전쟁 직후 우리나라의 1인당 국민소득은 67달러였으니, 전 세계 어느 나라도 공장 지을 돈을 빌려주려 하지 않았다. 1950년대 우리에게는 산업 기반도 기술도 없었다. 심지어는 산에 있어야 할 나무마저도 일제에 수탈당해 한겨울 땔감조차 부족했다. 그 시절, 우리나라 경제는 미국의 긴급 무상 원조와 경제 안정, 방위력 강화 원조로 유지되고 있었다. 1960년대 들어 미국의 원조가 줄어들면서 장기 초저금리로 나오는 유상 원조를 토대로 기술보다는 저임금에 의존하는 경공업 중심으로 산업화를 추진했다. 이것만으로는 안 되니 1963년 서독에 광부를 파견하고 1966년에는 간호사를 파견했으며, 1965년 베트남 전쟁에 국군을 파병하는 등 눈물 어린 외화 벌이로 성장의 씨앗을 만들었다.

그 당시 전 세계의 어떤 나라가 한국의 비약적인 발전을 예상이나 했을까. 이제 우리나라는 국가 총GDP^{gross domestic product: 국내총생}산 세계 10위, 1인당 GDP 24위, 수출 6위, 수입 8위의 경제부국이 되었다. 게다가 개발도상국 원조를 받는 나라를 수혜국^{recipient country}이라고 하고, 원조를 주는 나라를 공여국^{donor country}이라고 하는데 우리나라는 세계 최초로 수혜국에서 공여국으로 공식적으로 바뀐 나라다. 30여 년 전부터 우리보다 가난한 개발도상국들을 지원하기 시작했고, 2010년에는 OECD^{Organization for Economic Cooperation and} ^{Development: 경제협력개발기구}에 있는 개발원조위원회^{Development Assistance} ^{Committee, DAC}의 24번째 회원국이 되었다.

그뿐인가, 1인당 GDP는 물론 인간개발지수^{Human Development}

Index, HDI도 0.925로 아주 높은 수준이고, 세계은행World Bank이 인정하는 고소득 국가, IMFInternational Monetary Fund: 국제통화기금의 선진경제국, OECD의 고소득 경제협력개발기구 회원국, 유엔United Nations, UN: 국제연합 선진 회원국으로 분류되었다. 그리고 2022년 5월 유엔 통계국에서 마침내 우리나라를 개발도상국에서 선진국으로 변경하기에 이르렀다.

많은 사람들이 한국의 이러한 비약적인 발전은 열정적인 교육에서 나왔다고 한다. 우리나라의 높은 교육 경쟁력에 학부모의 교육열이 더해지면서 경제 성장의 원동력이 된 것으로 생각하고 있다. 특히 미국의 버락 오바마Barack Obama 전 대통령은 한국 교육의 예찬론자였다. 한국을 "교육의 전 세계 대표주자" "한국 교사는 높은 급여와 존경을 받는 직업" "한국 아이들은 수학, 과학, 외국어에 열심" "한국 부모의 교육열 덕"이라고 말하며 한국의 교육을 배워야 한다고 주장했다.

한국 경제의 발전에 교육만 공헌한 것은 아니다. 그 시절 열심히 일하고 아끼며 살아온 어른들의 노력이 어우러져서 나온 결과다. 그래도 열정적인 교육이 지금의 한국에 한몫한 것은 분명하다.

지금은 교육이 흔들리는 나라

그렇다면 우리나라의 교육 경쟁력은 세계에서 몇 위쯤 될까? 우리 경제의 기적적인 발전을 뒷받침했으니 적어도 열 손가락 안에는 들지 않을까 하는 생각이 드는 시점이다. 스위스 로잔에 있는 국제경영개발대학원International Institute for Management Development, IMD은 매년 OECD 국가와 신흥공업경제 국가를 포함한 63개국을 대상으로 국가별, 분야별 경쟁력 순위를 발표하고 있다. IMD에서 발표한 경쟁력 지수의 국가 순위가 완벽하게 객관적이고 절대적인 권위를 가진 것은 아니겠지만, 우리 정부가 운영하는 e-나라 지표에 고시되는 만큼, 신뢰할 수 있는 자료임은 틀림없다. 또 전체적인 추세를 보는 데 중요한 근거가 되어줄 것이다.

이제 그 뚜껑을 열어보자. 2022년에 발표한 자료에 의하면 한국의 국제 경쟁력은 세계 27위, 교육 경쟁력은 29위다. 63개국 중 29위라면 대략 중간 수준이다. 아마 독자들의 예상보다 낮은 순위였을 것이다. 그런데 이보다 더 충격적인 것은 교육 경쟁력이 29위에 랭크된 이유다.

1인당 교육 관련 공공지출 관련 지표가 24~26위 수준임을 볼 때, 정부의 투자는 대략 그 수준에 맞다고 볼 수 있다. 그러나 교사 1인당 학생 수를 보면 초등 42위, 중등 32위로 공공의 교육 여건이 좋은 편은 아니다. 우리나라가 높은 순위를 차지한 분야는 15세 이상 비非문맹률 1위, OECD가 만 15세 학생들을 대상으로 조사하는 국제학업성취도평가Programme for International Student Assessment, 이하 PISA에서 읽기·수학·과학 6위, 같은 조사에서 성취 수준이 낮지 않은 학생의 비율 7위 등이다. 즉, 공교육의 여건이 상대적으로 열악함에도 개인적 성취도가 높았던 덕분에 중간이라도 간 것이다.

PISA 조사 중 읽기·수학·과학 평가에서 우리나라가 6위를 차지한 것은 아이러니한 결과다. 그도 그럴 것이 조사 대상인 만 15세는 의무교육이 끝나는 중학교 졸업생에 해당하는데, 중학교 졸업할 때까지의 공교육 환경은 대략 24~26위 수준이라는 사실이 이 조사 결과에서 밝혀졌기 때문이다. 그럼에도 PISA의 순위가 높은 것에 관해 다음 두 가지 추론이 가능하다. 하나는 교사의 열정, 우수한 교과 과정, 학생들의 높은 학구열이 어우러진 결과다. 또 다른 이유로 공교육에서 부족한 것을 사교육으로 보충했을 것이다. 우리는 이 두 가지 추론 중 어떤 것이 합당하다고 받아들일 것인가?

교육 관련 지표에서 실망스러운 부분 중 또 하나는 교육의 질이다. 우리나라의 고등교육(전문대학, 대학, 대학원) 이수율은 세계 4위다. 그런데 치열하고 경쟁적인 사회에서 요구되는 것을 교육으로 얼마나 충족시켰는지 평가한 결과를 보면 초중등 교육은 37위, 대학교육은 46위로 하위권이다.

우리는 영어 공부에도 진심이다. 영어는 학습 비중이 높은 주요 과목이고 학생들의 영어로 말하는 모습도 익숙해 보인다. 그런데 조사 결과를 보면 (토플 성적 중심으로 조사한 것이기는 하지만) 영어 숙달도가 세계 52위다.

언어 능력은 말할 것도 없다. 2023년을 달구고 있는 생성형 인공지능, 즉 사용자가 원하는 자료를 알아서 만들어주는 인공지능을 잘 사용하는 법은 기술도 아니고 트렌드도 아니며, 오로지 언어에 달렸기 때문이다. 지금 세상에는 일일이 열거하기 어려울 정도의 생성형 인공지능이 쏟아져 나오고 있다. 대화하면서 자료를 요청하면 보고서, 소설, 심지어는 논문까지 만들어주는 챗GPT나 구글의 바드

같은 대화형 자료 생성기, 말로 표현만 잘해주면 파워포인트를 만들어주는 감마^{Gamma}, 그림도 그려주는 달리나 미드저니 등, 인공지능은 앞으로 교육은 물론 사회생활에서 대단한 역할을 할 것으로 기대된다. 이들 인공지능이 일을 제대로 하게 하는 가장 중요한 요소가 논리적인 사고, 명확한 표현을 바탕으로 하는 언어 능력이다. 그런데 기업에서 필요로 하는 언어 능력에서 우리는 겨우 45위를 기록했다.

행복하지 않은 아이들

OECD의 조사 결과 중에는 다소 충격적인 내용으로 두 가지가 더 있다. 하나는 우리나라 청소년의 디지털 정보 판독 능력이다. 청소년들은 디지털 정보가 편향적인지 아닌지 식별하는 교육을 받아본 적이 없으며, 디지털 정보가 사실인지 아니면 단순한 의견인지를 식별하는 능력은 25.6%로 세계 최하위권으로 나왔다. 그보다 더 충격적인 것은 학생들의 학교생활에서 느끼는 행복감이나 만족도다. 우리나라 학생들이 스스로 평가하는 행복감은 PISA 조사 대상국 중 끝에서 두 번째다. 그 와중에 여학생의 만족도가 남학생들보다 더 낮다.

이 조사 결과를 종합해보면 다음과 같이 해석할 수 있다. 읽기, 수학, 과학 등 주요 교과목의 성취도는 높지만 이는 일부 교사의 열정과 민간교육의 힘이 크다. 현재의 교과 과정이나 교육 방법으로는 사회에서 필요로 하는 교육을 충족시켜주지 못한다. 문맹률이 낮지만, 경쟁적인 사회에서의 소통 능력도 낮다. 컴퓨터나 스마트폰은 잘 사용하지만, 디지털 문해력은 낮다. 학생을 위한 교육을 하고 있다고 하지만 그것은 정부, 교육기관, 교사, 학부모의 생각일 뿐, 학생은 행복하지 않다.

이제는 선진국에서 우리나라 교육에 대한 칭찬을 더는 하지 않는다. 산업화가 활발하게 추진되고 있거나 그러려고 하는 개발도상국에서만 한국 교육을 본받고 싶어 한다. 상황이 이렇다 보니 오바마 대통령의 한국 교육 예찬이 이제는 아름다운 착각으로 생각되는 것이다.

2.
예전에는 맞고
지금은 틀린 교육

컴퓨터도 없고, 게임기도 없던 시절, 변변한 간식도 없었고, 학교에서 체벌이 당연시되던 시절, 심지어는 학교에서 야단맞고 집에 갔다가 부모님에게 들키면 더 야단맞던 시절, 그때도 학생들의 행복지수는 지금보다 낮지 않았다. 왜 그랬을까?

그 시절에는 중학교나 고등학교만 졸업해도 취직할 수 있었다. 대학생의 경우 웬만하면 졸업반 1학기부터 취업이 되고 2학기가 되면 대부분이 취업하고 미취업자는 몇 명 남지 않았다. 대기업이 우수한 학생을 빨리 데려가면 중소 중견기업에서는 인재 채용이 어렵다는 하소연으로 인해 대기업은 2학기 말이 되어야 신입직원을 채용할 수 있었다. 이런 일이 어떻게 가능했을까?

이 이야기는 지금부터 20여 년 이상 과거의 추억이다. 우리나라는 1960년대 경공업 중심 산업을 거쳐 1980년대 중화학공업, 1990년 전자공업을 거치면서 성장해왔다. 전형적인 산업사회로, 양적으로나 질적으로나 성장하는 것이 당연시되던 시절이다. 매년 일자리가 늘어나고 1980년대 이후로는 월급이 급격하게 올라 누구나 차 한 대쯤은 가질 수 있는 자가용 시대가 열렸다.

산업사회 시절에 우리나라는 선진국의 발전 모형을 보고 이를 따라가며 교과 과정을 설계하고 교과서를 만들었다. 컴퓨터와 인터넷이 상용화되기 전까지 산업은 한 단계씩 꾸준히 발전하는 과정을 거쳤다. 즉, 기존에 차곡차곡 쌓아온 지식과 기술을 토대로 플러스알파를 하면 따라갈 수 있는 생산 중심의 산업사회였다. 게다가 선진국 모형을 보고 따라가는 형국이었으니 수업 시간에 배운 것을 암기하고 실습하는 것만으로도 충분한 취업 조건이 되었다. 설령 그 분야를 전공하지 않았어도 문제가 되지 않았다. 일단 취업하면 쉬운 분야는 수개월, 어려운 내용도 2, 3년이면 현장에서 필요한 것들은 배울 수 있었다. 취업하면 더는 공부하지 않아도 현장에서 익힌 기술과 인적 네트워크만으로도 생존과 성장을 할 수 있었다.

싫든 좋든 학교에서 하라는 대로 따라 하다 보면 필요한 지식을 갖추게 되고 취업이 되며 발전을 도모할 수 있었다. 그 시절 월급은 적었고 사회 문화적 수준은 낮았을지라도 밝은 미래가 있었고, 성장할 수 있다는 희망이 있었다. 그러니 그때의 교육은 시의적절했고 만족도도 높았다.

컴퓨터가 보급되고 인터넷이 개방되던 1990년대부터 비즈니스를 비롯한 전반적인 업무 형태가 바뀌기 시작하면서 미래에 대한 희망이 걱정으로 바뀌기 시작했다. 보고서 작성, 보고, 결재 등 내부 업무는 물론, 공장 관리, 은행 거래 등 외부 업무까지 모두 사무실에서 할 수 있게 되었다. 이러한 변화에 적응하면서 컴퓨터와 인터넷 사용법을 익히고, 인적 네트워크 관리 방법을 빨리 받아들인 사람은 지금까지도 일하고 있지만 그렇지 못했던 사람들은 1997년 국가 부도 위기에 IMF로부터 대출을 받아야 했던 'IMF 사태'와 더불어 일자리를 잃었다.

컴퓨터와 인터넷을 도입하면서 공장의 생산 시설, 관리 방법, 업무 처리 방법이 바뀐 것은 물론, 전자상거래가 확산하면서 유통 과정마저도 완전히 바뀌었다. 지식 정보, 첨단 기술, 디지털의 힘으로 우리나라의 주력 산업이 바뀌게 되었다. 2000년대를 지나면서 우리나라 산업 구조가 제조 중심의 산업사회에서 지식기반 산업으로 바뀌었고, 2010년대에는 4차 산업혁명으로 인해 디지털 산업으로 바뀌고 있다.

이때부터 우리의 교육 방향은 조금씩 어긋나기 시작한 것으로 보인다. 2000년대까지는 대체로 내수와 수출이 증가해 경제 규모가 커지면 고용이 증가하는 비례적 변동을 보였다. 그러나 컴퓨터가 보급되어 업무가 자동화되고 인터넷이 확산하면서 경제 규모와 고용의 상관관계가 무너졌다.

2000년을 전후해 업무 처리 과정을 분석하고 재설계하는 BPR^{business process reengineering: 업무재설계}과 이를 IT^{information technology: 정보기술}로 실천하는 방안인 ISP^{information strategic planning: 정보전략계획}를 통해, 공공기관과 민간 기업들의 업무 처리 방식이 대폭 바뀌었다.

그 파급 효과는 대단했다. 대표적인 예로 증권회사를 들 수 있다. 당시에 직원이 약 1,500명이던 모 증권회사는 직원의 70%를 정리하고 남은 30%만으로 업무를 처리할 수 있게 되었고, 모든 업무를 온라인으로 처리하니 시내 중심에 비싼 사무실을 둘 이유가 없어져서 외곽으로 이전했다.

이런 변화의 바람이 부는 초기만 해도 사무실 업무 또는 공장의 문서 처리 분야만 바뀌는 줄 알았다. 그런데 급속히 발달하는 IT는 고객의 수요 분석, 설계, 마케팅은 물론 생산 과정까지도 파고들고 있다. 생산을 로봇이 하고 그 로봇은 인공지능이 관리한다. 사람의 역할은 그러한 로봇을 개발하거나 인공지능을 개발하는 것이다. 이것이 바로 4차 산업혁명이고, 비즈니스를 뿌리째 바꾸고 있는 디지털 전환이다. 이러한 전환이 가져온 부정적인 효과 중의 하나가 경제는 성장하지만, 취업은 감소한다는 것이다. 우리나라는 전 세계에서 가장 많은 산업용 로봇을 사용하는 국가이며, 이는 갈수록 더 심화할 것이다.

새로운 직종에 필요한 새로운 교육

직업의 미래가 마냥 비관적인 것은 아니다. 디지털 전환을 통해 새로운 직업이 계속 증가하고 있다. 예를 들면 데이터과학자, 사이버 보안 전문가, 인공지능 전문가, 바이오, 우주공학 등 첨단 직업에서부터 디지털 마케터, 유튜버, 콘텐츠 크리에이터 등 창의적 직업까지 생겨나고 있다. 최근에 우리 주변에서 볼 수 있는 한류 중 영화나 음악만 봐도, 엔터테인먼트 관리, 영화나 드라마 제작, 음악 스트리밍 서비스, 패션 및 뷰티 산업, 한국 요리와 관광 같은 문화체험 등 예전에는 생각하지 못한 직업군이 나오고 있다.

제조와 생산 중심의 산업이 성장한다고 일자리가 늘지는 않는다. 어떤 면에서는 고급 직종과 하급 직종의 격차가 더 커질 수 있다. 창의적 분야는 앞으로 계속 도전과 실천을 통해 더 성장하며 일자리를 만들어나갈 것이다. 앞으로는 취업과 함께 창업이 중요해지는 이유다.

클라우디아 골딘Claudia Goldin과 로렌스 카츠Lawrence Katz는 저서 《기술과 교육의 경주The Race Between Technology and Education》에서 기술이 발달함에 따라 교육을 통해 필요한 인재를 공급하지 못하면 사회적 고통이 발생하고, 충분한 인재를 공급하면 사회가 번성하게 된다고 주장했다. 그들의 관점에서 보면 2000년대부터 시작된 디지털 혁명 시대에 우리는 기술을 이해하고 창의적 활동을 할 수 있는 다양한 인재 양성을 하지 못한 듯하다.

사실 21세기에 들어서면서 교육계에서는 교육 혁신의 필요성을 반복해서 강조했다. 세계경제포럼에서는 21세기 학생들이 갖춰야 할 16가지 기술을 소개하고 기본적인 문해력, 역량, 인성을 강조했다. OECD는 학습 나침반Learning Compass: Learning Framework 2030을 발표하면서 지식, 기술, 태도와 가치관을 중심으로 학제 간 연구, 초인지 학습, 사회화 등을 강조했다. 우리나라 교육에서도 이런 흐름에 발맞춰 다양한 시도를 해왔다. 다만 문제가 있다면 이런 시도가

28

성공하려면 정부와 학교의 많은 준비와 노력, 그리고 사회적 소통과 이해가 필요한데, 이것이 부족했다는 것이다.

제조 중심의 산업사회에서는 우리가 그랬던 것처럼, 개발도상 국도 꾸준한 노력으로 한 단계씩 성장하며 선진국을 따라갈 수 있었 다. 그러나 4차 산업혁명과 디지털 전환 시대에는 한번 국제사회에 서 뒤처지면 다시는 따라잡기 어려울 것으로 본다. 이에 따라 우리 나라를 비롯한 미국, 영국, 유럽, 일본 등 선진국에서는 교육 패러다 임을 바꾸어 세계를 선도할 기반을 만들고 있다.

앞으로 어떤 기술이 개발되고 어떤 산업이 생길지, 사회 문화적 구조가 어떻게 바뀔지 모르는 시대다. 이에 대비하기 위해서는 논리 적 사고를 바탕으로 문제 해결 능력을 키우고 디지털 문해력을 높이 며, 급변하는 기술과 비즈니스를 이해하고 꾸준히 학습하는 것만이 답일 것이다. 이것이 의미하는 바는 예전에는 모범적이었던 우리의 교육방식이 미래에는 더 이상 맞지 않다는 뜻이다. 지금까지 해오던 교육 내용, 교육 방법, 교육 수단, 교육 과정을 모두 새롭게 설계해야 한다. 심지어는 개인의 능력이나 재능과 관계없이 나이를 기준으로 학년을 편성하고 하나의 틀에서 교육하는 제도까지도 다시 살펴볼 필요가 있다.

3.
디지털 전환과 디지털 격차

자동차는 기계제품인가, 전자제품인가?

자동차는 전통적인 기계제품이었다. 그런데 지금은 이 질문에 관해 곰곰이 생각해볼 필요가 생겼다. 자동차 구성품의 무게를 기준으로 보면 당연히 기계제품이다. 그러나 자율주행 자동차 시대를 고려해 자동차 부품의 부가가치를 기준으로 구분한다면 전자제품이라 할 것이다. 자동차 센서, 반도체, 전자적 제어 장치 등 전자 부품의 가격도 그러하거니와 자동차 운행에서 해당 부품들의 중요성을 생각하면 더더욱 그렇다. 대략 10여 년 전에는 최고급 자동차 외에 대부분의 자동차가 기계제품이었다. 하지만 지금은 웬만하면 전자적 기능이 더 중요한 전자제품으로 바뀌고 있다. 최근에 있었던 반도체의 품귀로 인한 차량 출고 대란이 그 방증이고, 하이브리드 자동차나 전기 자동차로 발전할수록 전자제품의 특징은 더해진다. 혹시 이런 말에 의구심이 든다면 컴퓨터를 생각해보자. 컴퓨터의 무게를 좌우하는 것은 케이스, 전원장치, 메인보드 등 물리적인 부품이지만 컴퓨터를 컴퓨터답게 만드는 것은 그 안에 들어있는 중앙처리장치, 반도체, 소프트웨어 등 전자 부품이다. 그 누구도 컴퓨터를 기계제품으로 생각하지는 않을 것이다.

전기자동차의 보급에 이어 자율주행차의 등장으로 이어질 자동차도 디지털 시대로 들어섰다.

삶으로 들어온 디지털

비즈니스도 디지털이 대세다. 온라인으로 물건을 주문하고, 전자결제수단으로 값을 치른다. 은행 업무도 입출금이나 송금이 가능한 ATM^{automated teller machine: 현금 자동입출금기}을 이용하고, 지하철을 탈 때도 앱^{app1}이나 교통카드를 사용한다. 웬만한 식당에서는 태블릿으로 주문하고 햄버거나 커피는 물론 분식점에서도 키오스크^{kiosk}라고 부르는 디지털 단말기를 이용하는데 카드로 계산하고 현금은 아예 받지도 않는다. 분주한 식당에서는 주문만이 아니라 식탁으로 음식을 나르거나 접시를 수거하는 일에 로봇을 사용하는 광경도 심심치 않게 볼 수 있다. 이제는 디지털 전환을 하지 않으면 사회에서 경쟁

---

1   애플리케이션^{application}의 줄임말로, 스마트폰 등의 응용 프로그램을 가리킬 때 쓴다.

력이 떨어진다.

　이렇게 눈에 보이는 것만이 아니라, 공장의 생산 설비나 업무 처리 방식도 모두 바뀌고 있다. 그리고 사람의 역할까지도 바뀐다. 공장의 기계 설비가 작동되는 동안, 사람이 아닌 센서가 감독한다. 중앙에 있는 인공지능 컴퓨터는 이러한 과정을 관리하고, 오류가 발생하면 소프트웨어가 알아서 수정한다. 스스로 수정할 수 없는 오류가 발생했을 때가 사람이 필요한 시점이다. 업무의 최상단에는 사람이 의사결정을 하고 관리하지만, 그 밑의 중간 관리 업무는 이제 대체로 컴퓨터가 알아서 한다. 그 하단의 업무는 컴퓨터가 지시한 일을 사람이 하는데, 그중에서도 반복적인 일은 로봇이 한다. 앞으로는 의사결정을 위해 인공지능을 곁에 두고 도움을 받는 디지털 세상에 적응해야 한다.

　2016년에 구글 딥마인드DeepMind가 개발한 인공지능 알파고AlpaGo와 이세돌 9단이 바둑 대결을 펼쳐 알파고가 4 대 1로 이긴 사건은 이미 잘 알고 있을 것이다. 인공지능과 관련해 먼저 인지도를 높인 사례로는 IBM의 왓슨Watson이 있다. 지금부터 거의 20년 전인 2005년에 IBM은 왓슨이라는 인공지능 슈퍼컴퓨터를 개발하기 시작했다. 완성된 왓슨은 2011년에 미국 ABC 방송의 퀴즈쇼 '제퍼디Jeopardy'에서 우승했다. 또한 미국 메릴랜드 대학교 의과대학과 협력해 18개월 동안 의학저널, 교과서, 논문, 의무 기록 등을 학습시켜 닥터 왓슨Doctor Watson을 개발했다. 닥터 왓슨은 의학 정보와 임상시험 데이터로 학습해 2014년에 전문의들과의 진단 일치율이 대장암 98%, 직장암 96%, 자궁경부암 100% 등 엄청난 정확도를 보인 결과,

2017년 우리나라 병원에도 도입되었다.

교육 분야에서는 2016년 조지아 공대 컴퓨터과학 온라인 석사 과정에 도입된 질 왓슨Jill Watson이라는 인공지능 조교가 있다. 게시판에 올라오는 학생들의 질문 약 10만 개를 분석해 상시적인 질문을 중심으로 실시간 답변해준다. 초기부터 학생들의 질문 의도를 잘 파악해서 상당히 정확한 답변을 한 것은 물론, 그다음 해에는 어려운 질문에는 잠깐 머뭇거린다거나 때로는 비속어를 사용하면서 자연스러운 의사소통을 했다. 학생들은 질 왓슨을 박사 과정에 재학 중인 20대 후반의 백인 여성으로 생각할 정도였다. 이제는 조지아 공대는 물론 영국의 볼턴 대학교, 스태퍼드셔 대학교 등이 질 왓슨을 도입하고 있다. 우리나라에서는 향후 인공지능이 조교로서 교수나 강사의 역할을 지원하게 될 것으로 보고 지능형 튜터링 시스템intelligent tutoring system을 개발하고 있다.

디지털 이주민과 디지털 원주민

세상 모든 일이 디지털로 되는 것은 아니다. 이동하려면 여전히 자동차를 타야 하고, 음식은 만들어서 먹어야 한다. 그렇더라도 대중교통 수단을 알아볼 때 지도 앱의 안내 기능을 사용하고, 택시를 부를 때는 카카오택시나 우티UT 같은 택시 호출 앱을 사용하며, 자동차 운전은 내비게이션과 자율주행 기능을 이용하고, 밥을 지을 때도 전기밥솥의 자동 취사 기능을 사용하는 등 생활 전반에서 날이 갈수록 디지털의 의존도가 높아지고 있다. 생활과 업무 자체가 디지털 기반으로 전환되면서 기업의 운영 방식이 바뀌고 새로운 비즈니스 모델이 창출되면서 사회에서 원하는 인재 또한 디지털 인재 중심으로 변하고 있다. 학교에서 진로로 선택하는 이과와 문과의 구별도 더는 의미가 없다. 문과에서도 논리적 사고로 프로그래밍을 배워야 하고 이과에서도 문학과 경제를 알아야 사회에서 요구하는 업무를 수행할 수 있다.

현재의 교육을 냉소적으로 평가하는 항간의 이야기 중에는 "20세기 교사가 21세기 학생에게 19세기 방법으로 교육을 하고 있다"는 것이 있다. 그런데 실제로 교실이라는 공간에서 강의하는 방식은 19세기 방식 정도가 아니라 인쇄술이 발달하면서 시작된, 교재를 바탕으로 설명하는 500여 년 역사의 전통적 방식이다. 어쩌면 기원전 400년경의 소크라테스 시절의 토론 학습이 지금에 오히려 더 어울릴지도 모르겠다.

그러고 보니 20세기 교사와 21세기 학생은 디지털 이주민digital immigrants과 디지털 원주민digital natives으로 나눌 수 있다. 디지털 이주민은 원래 디지털 기기나 콘텐츠를 사용하지는 않았지만, 지금은 디지털 세상에 들어온 사람을 말한다. 디지털 원주민은 태어날 때부터 디지털에 익숙해 디지털에 대한 이질감도 없고, 굳이 디지털과 아날로그를 구분할 필요조차 없는 사람이다.

보통 디지털 원주민이라고 하면 1980년 이후에 출생한 사람들을 말한다. 우리나라에 16비트 컴퓨터가 보급되던 시기가 1980년대 초·중반 이후이며, 월드와이드웹World Wide Web, WWW에 의해 인터넷 접속이 편해지고 초고속 통신망이 자리 잡은 것은 2000년경이다. 그러니까 컴퓨터와 인터넷을 어려서부터 접할 수 있었던 1980년대부터 2000년 사이에 태어난 MZ세대가 디지털 원주민에 해당한다. 하지만 MZ세대 디지털 원주민도 M세대와 Z세대가 다르며, 지금 초등학교나 중학교에 다니는 세대는 또 다른 디지털 원주민이 될 것이다. 세대별 디지털 특성을 간략하게 짚어보면 현 교육의 문제가 어디에서 시작되는지를 알 수 있을 것이다.

세대별 디지털 격차

같은 공간, 같은 시간대에 함께 살고 있으면서 세대를 구분한 시발점은 베이비붐 세대인 듯하다. 베이비붐 세대는 제2차 세계대전이 끝난 1946년부터 1965년 사이에 태어난 사람들을 지칭한다. 전쟁으로 인해 미뤄졌던 결혼이 한꺼번에 이루어지면서 많은 아이들이 태어나서 베이비붐 세대가 되었다 나라마다 특징은 다르지만, 여러 국가가 전쟁에서 벗어나 경제 성장과 높은 교육이 이루어진 덕분에 다양한 사회운동과 문화운동을 주도해온 발전 지향적인 세대다. 이들이 지금 교육에 종사하고 있다면 대체로 교육기관의 장, 수석 교사, 정책 의사결정권자로서, 퇴임을 앞두었을 것이다. 전형적인 디지털 이주민 세대인데, 어쩌면 디지털 외계인이 있을지도 모른다.

그다음 세대는 X세대로 1965년 이후부터 1980년 이전에 태어난 사람들이다. 대학을 졸업하고 사회생활을 시작한 때가 대략

1990년대로, 경제적 발전과 더불어 컴퓨터와 인터넷을 접하게 된 세대다. 나라마다 특성이 다르고 사람마다 개성이 다르니 뭐라고 한마디로 정의할 수 없어 X세대라고 부른다. 물질적 풍요와 디지털과의 만남이 이루어지면서 기존의 가치나 관습에서 자유로워진 세대로, 현재 대다수의 교사와 학부모가 이 세대에 해당할 것이다. 이 세대 안에서도 교육에 대한 가치관이 다르며 미래의 평가 기준도 상이하다. 디지털 이주민으로서 디지털 활용 능력이나 이해도는 좋은 편이라고 하더라도, 디지털 교재로 수업을 들었다거나 문과·이과를 가리지 않고 다양한 소프트웨어를 다루고 프로그래밍을 배우는 등의 체계적인 디지털 교육을 받은 적이 없기에 디지털 기기와 콘텐츠를 활용한 교육에는 거부감이 있을 수밖에 없다. 이 세대는 개인의 노력에 따라 디지털의 이해와 활용 능력에 많은 차이가 있다.

X세대의 뒤를 잇는 세대는 MZ세대다. 보통 M세대는 1980년에서 2000년 사이에 태어난 이들을 가리키며, Z세대는 1990년대에서 2000년대 초반에 태어난 이들이다. 대략 시기적으로 많이 맞물리기에 언론에서는 이들을 묶어서 MZ세대라고 표현한다. 여담이지만, Z세대는 M세대와 묶이는 것을 싫어한다고 한다. 한동안 큰 인기를 끌었던 임홍택의 《90년생이 온다》라는 책에서 나타난 것처럼 1990년생과 1989년생은 어마어마하게 다르다는 것이다. 그러니 Z세대 입장에서는 M세대와 같은 테두리로 묶이는 게 싫을 수도 있다. 우리는 디지털 원주민이라는 관점에서 M세대는 1980년에서 1990년대 중반 사이에 태어난 사람, Z세대는 1990년 중반에서 2000년 초반 사이에 태어난 사람으로 구분하고자 한다.

M세대는 본래 밀레니얼 세대millennial generation에서 유래된 말로 21세기 초반에 성인이 된 세대를 뜻하는 말이었다. 또 이들이 살면서 보인 특성을 따서 모바일mobile, 마이셀프myself, 무브먼트movement의 첫 글자를 딴 것으로도 알려져 있다. 휴대전화를 중심으로 모바일 라이프를 즐긴다는 특성이 있으며 디지털 문화에 친숙한 세대다. M세대는 어느 정도 성장했을 때 디지털을 접했고 디지털 문화에는 익숙하지만, 이들 역시 체계적인 디지털 교육을 받지는 않았다. 이에 반해 Z세대는 스마트폰이나 태블릿 PC를 어렸을 때부터 접해서 디지털에 대한 거부감이 거의 없는 세대다. 이들을 디지털의 세계로 이끄는 데는 애플Apple이 지대한 역할을 했다. 애플은 2007년에 휴대용 기기의 최대 히트작인 아이폰iPhone을, 2010년에는 아이패드iPad를 출시해 휴대용 개인용 기기의 대중화 시대를 만들어냈다. 이 시기에 유년기를 보낸 Z세대는 디지털 문화는 물론 생활 속의 디지털에 익숙한 디지털 원주민으로 구분된다. 이 중 M세대는 교육 분야에서 교사나 강사로 활동하고 있으며, Z세대 중에 빠른 사람은 교사나 강사로, 늦은 사람은 아직 학생에 속한다.

이 밖에도 나이를 기준으로 하는 구분이 아니라, 디지털의 활용 측면에서 구분하는 C세대도 있다. 구글은 접속connection, 창조creation, 커뮤니티community, 큐레이션curation이라는 단어의 앞 글자를 따서 C세대라고 명명했다. 한편 사용자가 스스로 콘텐츠를 창작하는 세대 consumer's creating contents라는 뜻의 C세대도 있다. 이러한 C세대는 X세대 후반에서 M세대에 걸친 사람들 중에 디지털 활용에 적극적인 이들을 가리킨다. 그들 중에는 일찌감치 블로그나 유튜브에서 인기를 얻은 인플루언서influencer나 유명한 유튜브 크리에이터(또는 유튜버)로 새로운 직업을 만들어내기도 했다.

이런 C세대와는 전혀 다른 새로운 C세대도 있다. 코로나19를 거치면서 미국의 뱅크오브아메리카Bank of America, BoA가 발간한 보고서에서 코로나19 세대Generation of COVID19라는 의미로 C세대를 언급한 바 있다. 이들은 2016년부터 2030년대 사이에 태어난 아이들을 가리킨다. 보고서에서는 이들이 기술 친화적이고 가상세계의 활용에 익숙한 세대로, 가상의 가정교사virtual tutor와 함께 홈스쿨링home schooling[2]으로 교육을 대신할 것으로 예측했다. 우리나라 역시 홈스쿨링까지는 아니더라도 대안학교가 늘어나는 것을 보면 부모나 교사의 입장에서는 향후 교육 방향을 설정하는 데 고려해볼 만한 내용이다.

학교 현장에 가면 이사장, 교장, 교감, 수석 교사, 일반 교사나 강사 등이 있을 것이다. 아마도 의사결정권이 있거나 교사나 강사 중 영향력이 있는 이들은 대체로 X세대 상위 연령대이거나 베이비붐 세대일 것이다. 이어서 X세대, M세대 심지어는 Z세대까지 교육에 참여하고 있으니 같은 공간, 같은 시간에 디지털에 대한 이해도가 다른 네 세대가 함께 교육에 참여하는 것이다.

그렇다면 현재의 학생들은 어느 세대에 해당하는가? 아직은 어려서 특징을 알기는 어렵지만, 디지털 원주민인 것은 확실한 알파세대[3]와 Z세대가 섞여 있다. 그들은 디지털 원주민 중에서도 체계적

---

2   학교에 가는 대신 가정에서 교육을 받는 일.
3   2010년 이후에 태어난 아이들로, 스마트폰 중심의 디지털 원주민을 가리킨다.

인 디지털 교육을 받고 있는 원주민이다. 디지털 교육을 받은 사람만을 진정한 원주민으로 구분한다면, 현재의 상황은 디지털 교육을 받지 않은 디지털 이주민이 디지털 원주민에게 디지털 교육을 해야 하는 상황이다. 이 또한 현재 교육의 위기가 아니고 무엇일까?

4.
이미 시작된 교육혁명

컴퓨터가 보급되기 시작한 1980년대 이후 인터넷과 모바일 기기가 직장에서 개인과 기업의 성패를 가르는 일이 종종 발생했다. 컴퓨터만이 아니다. 새로운 정보와 기술을 일찍 받아들이는 얼리 어답터early adopter들이 승리한 다양한 사례가 이를 증명한다. 그중 가장 치열했던 전쟁은 인터넷이었다. "인터넷이란 것은 온라인으로 정보를 주고받는 정도인데 그것이 세상을 바꿀 수 있냐?"라고 소리치고 거부했던 사람들은 1990년대 말부터 도태되었다. 그 당시 컴퓨터와 인터넷은 모두가 처음 접하는 신기술로, 출발선은 같았다. 하지만 이를 거부하지 않고 적극적으로 수용한 자만이 총성 없는 전쟁에서 살아남았다.

2007년에 애플에서 아이폰을 출시한 후 스마트폰이 대세를 이루기 시작했다. 디지털 기기라면 젊은 층이 얼리 어답터의 대열에 들어서기 유리하기에 스마트폰 역시 젊은 층을 중심으로 확산할 것으로 예상했다. 그러나 현실은 30대 직장인의 구매 비율이 높았다. 스마트폰의 가격이 비싸서 젊은 층이 구매하기에 부담되는 점도 있었지만, 30대 구매자들은 인터넷의 등장 때 이를 등한시했다가 밀려난 선배 직장인들을 반면교사로 삼았던 것이다.

그런데 이번 디지털 전쟁의 양상은 조금 다르다. 현재 전 세계적으로 초등학교부터 프로그래밍 교육을 진행하고 있다. 앞으로의 세상은 디지털이 중심이 될 것이며, 단순히 디지털을 활용하는 것만으로는 부족하다고 본다. 논리적으로 생각하고 사실을 추출해 일의 순서를 배치하는 알고리즘을 이해하는 것이 기본이고 이를 토대로 디지털을 자신에게 최적화된 방법으로 활용하며, 필요하다면 누구든지 스스로 프로그램을 짜기도 해야 한다는 것이다. 미국에서는 이미 오래전부터 컴퓨터적 사고computational thinking를 가르쳐왔고, 영국도 2013년부터 코딩coding[4] 교육을 시작했다. 지금은 전 세계적으로 STEAM스팀 교육을 하고 있다. STEAM은 과학science, 기술technology, 공학engineering, 인문학art, 수학mathematics의 약자로, 융합인재 교육을 위해 인문학적 소양과 수학을 바탕으로 과학기술 기반의 융합적 사고력과 문제 해결 능력을 높이기 위한 것이다.

교육 현장에서 사용하는 예를 살펴보면, 코딩이 가능한 칩을 내장한 조립 블록이나 로봇을 두고 PC나 스마트폰 등으로 코딩하면

---

4 프로그래밍 언어를 사용해 컴퓨터 프로그램을 만드는 일

블루투스bluetooth5로 해당 코드를 칩에 무선으로 전송해 실제로 작동하게 하는 방식이다. 초보 단계에서는 이미 짜인 코드와 묶어놓은 블록을 연결만 해도 코딩이 되는 스크래치Scratch나 엔트리Entry 등의 블록 코딩을 한다. 블록 코딩은 이미 짜인 코딩 묶음을 이용하지만 사용자가 코드를 직접 보면서 수정할 수도 있기에 코드의 원리를 익히고, 상위 언어로 발전하면서 파이썬Python, 자바Java, C 언어까지도 공부할 수 있다.

우리나라에서 아직 수업 시간의 비중이 크지는 않지만, 중요한 것은 이런 프로그래밍 교육을 초등학교 때부터 배우고 있다는 것이다. 우리나라는 2018년에 코딩 교육을 도입했고 2025년에는 초등학교와 중학교에 의무교육으로 도입할 계획이다. 수업 시간도 지금의 2배로 늘릴 예정이다. 이미 많은 학부모가 코딩 교육의 중요성을 인지하고 코딩을 배우게 하는데, 초등학교 방과 후 수업에서 인기가 높다고 한다.

코딩 교육을 배우는 초등학생들은 유아기부터 태블릿 PC로 게임하고 말도 배우기 시작했으며, 스스로 콘텐츠도 만들고 코딩도 할 줄 아는 진정한 디지털 원주민이다. 주변을 잘 살펴보면 이미 마인크래프트Minecraft나 로블록스Roblox 등의 게임을 하면서 코딩을 배우고, 3D 콘텐츠도 제작하는 어린이를 만나 볼 수 있다.

5 근거리 무선통신의 일종

디지털 원주민의 진격

2025년에는 초중등학교의 영어, 수학, 정보 교과부터 AI 디지털 교과서를 도입할 예정이다. AI 디지털 교과서는 종이책 교과서를 디지털로 전환한다는 것 이상의 의미가 있다. AI 디지털 교과서는 선생님과 학생의 소통을 지원하고 학생들의 활동 내역을 분석해 학생 맞춤형 수업의 토대가 된다. 2025년이면 생성형 인공지능 중 챗 GPT나 구글의 바드를 연결한 첨단 교과서가 될 수도 있다.

새로운 교육 방법이 적용되면 AI 디지털 교과서로 배우고, 코딩도 배워서 콘텐츠를 만들 줄 아는 고등학교 1학년이 곧 탄생할 것이다. 이 아이들은 선도적 디지털 원주민이 될 것이다. 그리고 3년 후에는 대학에 진학할 것이다. 그런데 대학에 갔더니 여전히 19세기 교육방식으로 일방적인 강의를 하고 있다면, 그리고 대학에서 디지털을 활용하지 못하고 있다면, 과연 학생들이 그 대학에서 희망을 갖고 학업을 이어갈까? 그러한 대학은 교사, 학부모, 학생들의 선택을 받지 못할 것이 분명하다. 디지털 원주민을 이해하지 못하는 아날로그 대학은 종말을 맞이할 것이다. 대학도 생존하고 싶다면 대학에 진학할 학생이 줄어든다고 걱정만 할 때가 아니다. 대학의 디지털 전환과 평생교육을 통한 시장 창출이 필요하다.

디지털 교육을 제대로 받은 디지털 원주민이 본격적으로 사회로 진격하는 때는 2030년경일 것이다. 이때는 디지털 외계인, 디지털 이주민, 디지털 초기 원주민, 그리고 완숙한 원주민이 디지털 전환 사회에서 생존과 성장의 목숨을 건 대결을 벌일 것이다. 직장인도 미래를 걱정하느라 시간 낭비하지 말고, 발전하는 시대에 맞춰 자신의 역량을 보충하는 업스킬링upskilling, 새로운 분야로 진출하기 위한 리스킬링reskilling을 해야 한다(업스킬링과 리스킬링은 뒤에서 다시 자세히 살펴볼 것이다).

객관적으로 보기에 아직 많이 미흡하기는 하나 초등학교, 중학교, 고등학교부터 교육의 디지털 전환이 시작되고 있다. 대학들도 메타버스를 도입하고 교수법을 새로이 연구하며 전공을 다변화하는 등의 혁신을 모색하고 있다. 그중에서도 가장 빠르게 변하는 분야는 역시 시장경제의 논리가 직접적으로 연결되는 민간교육 분야다. 초중등학교 사교육과 직장인들의 생존 및 성장과 직결된 직무 및 기술 분야는 이미 교육혁명이 시작되었다.

5.
팬데믹이라는 방아쇠

바이러스는 살아남기 위해 변신한다고 한다. 바이러스 자신이 너무 강하면 기생해야 하는 숙주인 인간이 죽게 된다. 그러면 먹고 살 공간이 사라지기에 숙주가 죽지 않도록 스스로 변형해 독성을 낮추면서 살길을 찾는 것이다. 게다가 인간이 백신을 개발하면 이를 회피하기 위한 능력을 키우기 위해 다시 또 변형되며 발전한다. 즉, 바이러스도 살기 위해 두 가지 목표를 가지고 발전하는 것이다. 첫째 자신이 살아가야 할 숙주인 인간이 죽지 않을 정도로 스스로를 약화하는 것이고, 둘째는 백신을 회피하는 기술을 개발하는 것이다.

코로나 바이러스는 2019년 말에 출현해 전 세계의 일상을 멈추게 할 정도로 강력한 위세를 떨쳤다. 하지만 여러 가지 백신이 개발되고 많은 사람들이 코로나19에 대한 항체와 저항력이 생겼으며, 바이러스 자체도 약화되어 이제는 예전과 같은 일상으로 돌아갈 수 있게 되었다.

애프터 코로나 시대의 학습자

2020년부터 2023년 초까지 3년이 넘는 동안 너무나도 큰 변화가 있었다. 오죽하면 연대 표기를 기원전과 기원후로 나누듯이 코로나19 이전과 이후로 구분하자는 말도 한다. 기원전과 기원후를 나누는 것은 예수의 탄생을 기준으로 한다. 즉, 기원전은 BC$^{Before\ Christum}$이며, 기원후는 AC$^{Ante\ Christum}$ 또는 AD$^{Anno\ Domini}$라고 한다. 이에 빗대어 코로나19 이전 시대는 BC$^{Before\ COVID19}$로 코로나19 이후 시대는 AC$^{After\ COVID19}$라고 부르자는 것이다. 중요한 것은 많은 사람들이 자유로운 이동과 만남을 그리워하면서도, 모든 면에서 AC에서 BC로 돌아가기를 원하지는 않는다는 점이다.

AC 시대의 학습자는 4차 산업혁명을 통해 알게 된 사실과 팬데믹 시절의 경험을 합쳐서 새로운 학습 패턴을 얻었다. 다양한 사례가 있겠지만, 여기서는 교육의 최종 목표 중 하나인 취업을 기준으로 한 고등교육 부분을 살펴보겠다.

팬데믹 이후의 사회적 현상 중 기업의 구인 사례를 보면 직무별·직급별로 필요한 역량을 정의하고 있는데, 대기업으로 갈수록 역량 중에서도 상세 기술 영역이 구분되어 있다. 기업에서는 조직의 수직적 서열에 따른 직급과 부서별 업무를 정의하는 직무로 나누

46

고, 각 직급과 직무에 필요한 역량을 정의해 작성한 지도, 즉 역량 맵 competency map을 가지고 있다. 좀 더 발전적인 기업에서는 각 역량 맵을 더 세분화해서 역량에 필요한 기술로 구성한 기술 맵skill map까지도 가지고 있다. 이런 기업에서 특정 업무를 맡을 직원을 채용하거나 승진 대상을 선정할 때는 역량 맵 또는 직무별 기술 맵을 보고 구직자 또는 승진 대상자가 해당 분야에 인증된 역량이나 기술을 갖추었는지 검토한다.

학습자들은 4차 산업혁명을 거치면서 다음과 같은 사회적 변화를 파악했다. 학생 수가 감소하면서 명문대를 제외하고는 대학에 들어가기가 쉬워졌다. 그 결과 학위, 즉 졸업장은 변별력이 사라졌다. 이제 대학에서 갖춰야 할 것은 현장에서 필요로 하는 역량이다. 그 결과 학교 입장에서도 현장 중심의 지식을 교육해야 하며, 학생 역시 사회에 진출했을 때 바로 활용할 수 있는 지식을 배우고 싶어 한다. 나아가 기술을 모르는 비즈니스는 살아남기 어렵고, 사회적 니즈를 모르는 기술은 환영받지 못한다는 사실을 알게 된 학생들은 다양한 전공을 경험하고 싶어 한다.

한편 학습자들은 취업할 때 기업이나 사회가 원하는 역량과 나중에 승진할 때 필요한 역량이 다르다는 것도 알게 된다. 예를 들면 취업할 때 프로그래밍 역량이 중요하다면, 학교에서 프로그래밍을 배우면서 단기 집중 교육인 부트캠프boot camp에서 실전 능력을 갖추는 것이 우선이지, 처음부터 프로젝트 매니저가 갖추어야 할 역량을 배울 필요는 없다. 나중에 진로에 따라 프로젝트 매니저가 될 수도 있고 기업 관리자가 될 수도 있으니 그것은 해당 시점에 배우면 된다.

온라인과 오프라인을 넘나드는 학습

범위를 조금 더 넓혀서 교육 전반에 걸쳐, 팬데믹을 거치면서 알게 된 것들을 살펴보자. 팬데믹 기간의 온라인 수업은 준비가 충분히 갖춰지지 않은 상태에서 급하게 진행되면서 학습 격차 등 다양한 문제를 양산했다. 하지만 온라인 수업에 단점만 있는 것은 아니다. 목표가 명확하고 자기 의지가 강하다면 자기 주도 학습이 더 낫다. 이럴 때 오프라인 수업과 온라인 수업 중 선택해서 상황에 맞게 교육을 받는 것이 더 효율적이며, 때로는 온라인 수업과 오프라인 수업을 조합한 혼합학습도 가능하다. 즉, 온라인 수업을 적극적으로 활용해 자기 시간 관리를 하면서 학습할 수 있다. 특히 온라인 학습에 일찍 익숙해지면, 굳이 해외로 유학을 가지 않고 해외 명문대의 학위를 받는 일도 가능해질 수 있다.

팬데믹이 마무리되고 일상을 되찾으면서 학습자들은 새로운 패턴의 학습을 원하기 시작했다. 필요하다고 예측되는 학습을 미리 진행하는 것이 아니라, 요구될 때 바로바로 진행하는 것이다. 요즘은 학원이나 많은 고용지원기관에서 학습 포트폴리오라고 하는, 대학 진학이나 취업에 필요한 학습 과정을 제공하고 있다. 그런데 미리 학습하는 것도 좋겠지만 급변하는 시대에 '예습'은 효율성이 떨어질 수 있다. 그래서 최근에는 취업하면 해당 기업에서 요구하는 역량을 학습한다. 취업하고 나서 바로 진행하기도 하고 필요할 때에 맞춰 하기도 한다. 현대 사회에서는 특정 직무에 배치되었을 때 현장에 바로 투입될 수 있는 역량을 요구하기 때문에 일과 학습을 연계한 현장 중심 학습이 중요하다.

이러한 추세는 국내보다는 미국을 중심으로 하는 무크Massive Open Online Course, MOOC: 온라인 공개수업에서 쉽게 찾아볼 수 있다. 미국의 대학들은 현장 중심의 교육을 제공하기 위해 교육 전문기업과 파트너십을 맺고 대학 수업과 현장 수업을 온라인으로 관리하는 온라인 프로그램 관리Online Program Management, OPM 또는 온라인 프로그램 확장Online Program eXtention, OPX을 도입하고 있다. 또한 대학들이 단기 집중 실습 프로그램인 부트캠프도 결합해 취업까지 연계시키고 있다. 그뿐만이 아니다. 무크 형태의 대규모 학습기업인 에덱스edX, 코세라Coursera 유다시티UDACITY 등을 통해 현장 중심의 교육을 제공한다. 무크는 기본적으로 무료지만, 비용을 내면 학점 취득도 가능하고 취득한 학점을 모아 학위도 취득할 수 있다. 이와 같은 OPM/OPX를 활용하고 무크에 참여하는 대표적인 대학으로는 미국의 명문 하버드 대학교, 예일 대학교, MITMassachusetts Institute of Technology, 매사추세츠 공과대학, 스탠퍼드 대학교, 듀크 대학교 등을 비롯해 가장 혁신적인 대학으로 꼽히는 애리조나 주립대학교, 서던 뉴햄프셔 대학교, 펜실베이니아 주립대학교, 서던캘리포니아 대학교 등이 있다.

AC 시대의 학습자들은 맞춤형 학습 중에서 각자 자신의 목적에 따라 현장 중심의 교육 또는 온라인과 오프라인 수업이 연계되는 하이브리드 학습 등을 선택할 것이다. 이제 교육이 학습자 중심으로 변하지 않으면 어느 교육기관도 어떤 교육자도 존재 가치를 잃게 될 것이다.

기술이 만드는 학습 효과

교육에서 기술을 활용하기 시작한 것은 어제오늘 일이 아니다. 초기에는 디지털 자료의 저장 매체로 카세트테이프나 CD가 활용되었으며, 독학하는 데 사용되는 경우가 많았다. 그러나 교육에 기술을 이용한다기보다는 책이나 강의를 대체하는 보조 수단으로 인식되는 게 한계였다. 그러던 것이 디지털 콘텐츠와 인터넷이 결합해 온라인으로 수업하는 이러닝e-learning이라는 모습으로 나타난 시기가 2000년경이다. 초기 이러닝은 강의실에서 실제 강의하는 모습을 디지털 콘텐츠로 만들어 온라인에 올리는 단순한 형태였다. 따라서 강의를 비디오로 촬영해 편집하거나 강의 자료에 필기하는 화면과 음성을 매핑해 녹음한 후 웹에 게시하고, 학습자는 그 콘텐츠를 보는 일방향적인 방식이었다.

국내에서는 1998년 영산정보통신이 개발한 GVA라는 저작도구가 처음이었다. 첫 모델은 편집 기능이 없어 실수 없이 한꺼번에 녹음하는 것이 중요했다. 당시의 주요 교수-학습 방법은 강의실에서 교사나 강사의 단방향 강의가 중심이었고 수업 시간 중의 질의응답이 거의 다였기에 이러닝 시스템의 구조도 오프라인 강의를 그대로 온라인화하는 방식에 국한된 시스템이었다. 그나마도 오로지 PC에서만 볼 수 있었으니 그 이용이 한정적일 수밖에 없었다.

2010년대에 들어서 다양한 기기를 지원하는 크로스 플랫폼cross platform이 개발되면서 학습자가 사용할 수 있는 기기가 휴대전화, TV, 교육용 로봇 등으로 다양해지고 이러닝이 확산하기 시작했다.

그럼에도 우리나라에서는 팬데믹이 오기까지 이러닝은 시간과 비용이 절감되는 효율성은 인정하지만, 교육 효과성은 낮은 것으로 인식되어 오프라인 수업의 보조적 수단이라는 위치를 벗어나지 못했다.

팬데믹으로 전 세계의 교육이 단절되면서, 교육의 지속을 위해 고육지책으로 도입한 것이 이러닝이다. 대부분의 국가는 준비가 되어 있지 않았기에 2020년부터 지금까지 국가 차원의 대대적인 인프라 투자가 이루어지고 학교 시스템을 새로이 구축하거나 개선하면서 각 개인에게 디지털 기기를 보급하기 시작했다.

그동안 정부, 학교, 교사, 학생, 학부모 등 모든 이해관계자가 힘든 시간을 보냈다. 온라인으로 교육을 진행하기에는 부족한 것이 너무 많았다. 온라인으로 수업을 하려니 콘텐츠를 만들어본 적 없는 베이비붐 세대나 X세대의 교사에게는 수업 콘텐츠를 만드는 일부터 버거웠다. 경험해보지 못한 온라인 수업을 진행하는 일도 힘들다는 현장의 하소연이 넘쳐났다. 학생들의 학습 격차는 커지고 학습자에 대한 개별화된 지도는 더 어려워졌다. 교실이라는 학습 분위기가 갖춰진 장소가 아닌, 집에서 개별적으로 학습하는 학생들에게 최대한 학습적인 환경을 만들어줘야 하는 학부모에게도 온라인 수업은 고민스러운 부분이었다.

하지만 팬데믹이 장기화하면서 온라인 수업은 점차 보완되고 발전했다. 온라인 콘텐츠 수업이나 화상 수업을 넘어서 가상공간인 메타버스를 이용한 수업, 강의실 수업을 온라인 수업과 연동하는 하이브리드 시스템 등이 개발되었다. 온라인 수업을 위한 교사용 학습지원도구가 만들어지고, 학습자의 개별화된 지도와 맞춤형 학습을 위해 데이터 기반의 인공지능 서비스도 개발되기 시작했다. 자기 관리가 취약한 학생들이 온라인에 접속하면서 일어날 수 있는 유해 사이트 접속, 비정상적인 소통 등에 대한 우려가 커지면서 온라인 안전망을 구축하는 기술도 개발되었다. 이러한 기능들은 온라인 수업에서만 사용되는 것이 아니다. 이제는 오프라인 수업을 할 때도 클라우드에서 콘텐츠를 내려받아 전자칠판에서 수업하고, 학교에 나오지 못하는 학생은 어디에서든 인터넷만 연결되면 사이버 공간을 통해 수업에 출석할 수 있다.

교육의 미래, 에듀테크

교육 시스템은 온라인 수업 시스템에서 학교 전체, 심지어 국가 전체 시스템으로 확대되고 있다. 온라인 수업만 생각하면 학습관리 시스템learning management system, LMS만으로도 가능했다. 하지만 학습자 맞춤형 교육을 하려면 학습자에 대한 제반 정보를 가지고 있어야 한다. 그러니까 LMS에 추가해 학사관리 시스템, 학생 정보 시스템, 도서 정보 시스템에 들어 있는 모든 정보는 물론, 교사 및 강사와 관련된 연구 지원 시스템, 인사관리 시스템과 학습자의 어려움을 이해하고 도움을 주기 위해서는 재무 정보 시스템 등 제반 시스템에 기록된 데이터를 통합 관리해야 한다.

이러한 학교 시스템들은 모두 클라우드 시스템에 통합되어 언제 어디서나 관리할 수 있어야 하며, 제반 데이터는 상용 표준에 따라 상호 운용성이 확보되어야 한다. 우리나라는 나이스National Education Information System, NEIS: 교육행정 정보 시스템, 에듀파인Education and Finance System, EduFine: 국가관리 회계 시스템 등 국가 차원의 시스템을 운영하고 있다. 미국은 각 주가 구글이나 마이크로소프트Microsoft의 프로그램을 이용하고 있다. 영국은 학교마다 통합관리 시스템으로 경영 정보 시스템Management Information System, MIS을 구축하고 학교 간에 데이터를 연동할 수 있는 MATMulti Academy Trust를 구축해 운영하고 있다.

초중등학교에서는 2025년부터 AI 디지털 교과서를 도입해 수업 중에도 맞춤형 교육을 할 수 있도록 추진하고 있다. 이미 증강현실augmented reality, AR 및 가상현실virtual reality, VR 콘텐츠의 활용이 증가하고 있을 뿐만 아니라, 고비용·고위험 분야에서는 가상의 공간을 이용한 실감형 콘텐츠를 사용하고 있다. 기기 조작이 필요한 경우에는 현물과 동일한 조작 기기를 갖추고 3D 화면 또는 HMDHead Mounted Display, 머리 착용 디스플레이를 이용한 시뮬레이터로 실험 실습을 하고 있다.

앞서 언급한 제반 시스템, 콘텐츠, 서비스를 통칭해서 에듀테크Education Technology, Edtech라고 한다. 온라인 학습 중심의 이러닝에서 맞춤형·실감형 교육·훈련을 지원하는 에듀테크로 발전한 것이다.

창의력 향상, 문제 해결 교육, 맞춤형 교육, 개별화된 지도, 체험 실습, 졸업장 및 인증서의 디지털화, 개인 이력의 종합 관리 등 미래 교육을 고려하면 교육에서 기술의 활용은 필수적이다. 더욱이 현재 개발되고 있는 자동 번역, 정보 탐색, 생성형 인공지능, 빅데이터,

블록체인, 몰입형 콘텐츠, 메타버스 등을 고려하면 앞으로 교육에서 기술의 활용은 더 높아질 것이다.

6.
디지털 원주민의 교육법

디지털 휴먼digital human, 그러니까 인공지능을 갖춘 3차원 그래픽으로 탄생한 가상 인간의 인기가 폭발적이다. 진짜 사람인지 가상인지 구분이 안 될 정도로 자연스러우면서 매력 있다. 게다가 쉬지도 않고 24시간 내내 노래하고 뉴스 진행도 하고 강의도 할 수 있다. 특정 목적에 맞는 가상 인간을 창조해낼 수도 있지만, 유명인사의 모습, 행동, 음성, 억양 등을 학습시켜 그 사람의 모습에 평상시 습관과 목소리를 그대로 구현해서 실물과 똑같은 아바타 가상 인간을 만들 수도 있다. 실제로 어떤 기업에서는 유명 강사를 실물과 똑같은 가상 강사로 탄생시켜 강의하고 있다. 초기 개발비는 많이 들지만, 강의 원고만 써주면 알아서 강의해주니 장기적으로는 훨씬 경제적이라고 한다. 여기에 앞에서 말한 질 왓슨 같은 가상 조교를 함께 등장시키면 질의응답까지 자동으로 이루어질 것이다. 그러면 학교에는 강의 자료 제작자만 남고 선생님은 없어지게 될까?

한편, 미국에서 챗GPT를 다양한 모의시험에 참가시켰다. 그랬더니 변호사 모의시험에서 100명 중 10등, 대학 입학 자격시험의 읽기에서 7등, 수학에서 11등, 생물 올림피아드 준결승 문제는 상위 1%에 들었다고 한다. 웹사이트 아이디어와 디자인을 종이에 적고 스마트폰으로 찍어서 보여주면 비슷한 웹페이지도 만들어준다. 냉장고 속 재료를 찍어서 보여주면 요리와 레시피를 소개해주기도 한다. 챗GPT만이 아니라 다른 인공지능들도 대화 능력이 텍스트에서 음성, 이미지 등으로 매일 발전하고 있다. 그러니 인공지능만 잘 활용해도 많은 것을 해낼 수 있어 보인다. 그때가 되면 굳이 많은 지식을 암기할 필요도 없지 않을까?

4차 산업혁명 시대에 단순 반복적인 업무는 로봇과 컴퓨터가 대신하겠지만, 직무상 대인 간의 상호 작용이 이루어지는 분야와 고도의 창의적 분석 분야는 여전히 인간의 영역이다. 기존의 금융, 보험, 관공서 등에서 활용하는 인공지능 챗봇이라고 하는 시스템을 보면, 인공지능이라기보다는 일정한 시나리오를 기반으로 규칙에 따라 작동되는 규칙 기반 챗봇rule based chatbot으로 보인다. 그러니까 시스템의 시나리오에 없는 질문은 받아주질 않는다. 키오스크에서 주문하듯 주어진 메뉴 속에서만 작동되고, 이를 벗어난 질문은 사람과 통화해야 한다. 그런데 최근 등장한 인공지능은 좀 더 넓은 범위의 질문에 대화하듯 주고받으며 상세하게 답변해준다. 즉, 특정 분야를 집중적으로 학습시키면 대인적 상호 작용이 필요한 분야와 컨설팅 영역까지도 인공지능이 넘보는 시대가 될 것이다. 이런 인공지능으로 인해 얼마나 많은 직업이 없어질까?

1990년대 말 우리나라 정부가 IT 전문인력 20만 명 양성을 추진했다. 초기에는 한창 주목받았으나 약 10년 후에 코딩 개발자는 매일 밤새면서도 보수는 적은 불쌍한 직종이 된 적이 있다. 지금은 인공지능 기술이 주목받으면서 인기가 다시 급부상하고 있다. 이 와중에 최근에는 시각적 요소를 드래그 앤 드롭drag and drop6해서 코딩 없이 프로그램을 짤 수 있는 노코드no code와 기본적인 코딩만으로도 프로그램을 짤 수 있다는 로코드low code라는 것도 나오고 있다. 그뿐인가, 희망하는 기능을 잘 설명해주기만 하면 챗GPT가 코딩을 해준다. 파이썬, 자바스크립트, C 언어 등 원하는 대로 짜주는데, 그 품질이 좋다고 한다. 오죽하면 챗GPT를 잘 설득해서 해킹 프로그램을 개발한 사람도 있다. 그 정도 수준이라면 코딩은 배우지 않아도 되는데 이제 초중등학교에서 코딩 교육을 하는 건 쓸데없는 일일까?

인공지능 시대에 공부해야 하는 이유

인공지능이 현실에 조금씩 들어오면서 이와 같은 네 가지 질문을 듣는 횟수도 많아지게 되었다. "앞으로 선생님은 필요 없어지나

---

6 마우스 포인터를 대상물에 위치시키고 버튼을 누른 채 이동시켜 원하는 위치에서 마우스 버튼에서 손을 떼는 것.

요?", "인공지능이 자료도 다 찾아주고 프로그램도 짜주는데 공부할 필요 없는 것 아닌가요?" "지금 공부를 열심히 해봤자 미래에 직업을 얻는 데 도움이 되지 않는 것 아닐까요?" 결론부터 말하자면 그렇지 않다. 선생님의 역할이 더 많아질 것이고, 지금까지와는 다른 새로운 분야의 직업은 계속 만들어질 것이니, 새로운 것을 배우는 데 적극적이어야 한다. 다만 공부하는 방법은 바꿔야 한다.

아무리 유명한 강사의 수업이라도 누구나 다 똑같이 이해하고 모든 내용을 다 받아들이는 것은 아니다. OECD에서 조사한 바에 의하면 학생들이 자동화되기를 가장 바라지 않는 것은 교사의 개별화된 지도다. 학생들은 자신을 잘 알고 있으면서 믿을 수 있는 선생님의 개별화된 지도를 희망하고, 그렇게 지도받은 학생 중 98%의 성적이 향상되었다는 조사도 있다. 따라서 인공지능을 활용해 맞춤형 개별화된 수업과 지도를 해야 한다. 선생님들은 인공지능을 활용해 학생들에 대한 객관적 데이터를 기반으로 더 명확하고 개별화된 교육과 진로 지도를 하게 될 것이다. 공교육에서 잘만 활용한다면 사교육을 대체하는 효과를 가져올 수도 있다.

인공지능이 자료를 잘 찾아주기는 한다. 하지만 인공지능은 수집한 자료를 편집해서 제공하는 능력이 뛰어나긴 해도, 옳은 자료와 잘못된 자료를 선별할 능력은 없다. 더욱이 질문자가 내용을 잘 알고 상세하게 질문하면 답변도 깊이 있게 나오지만, 개략적인 질문을 하면 답변 또한 그저 그런 내용으로 한정된다. 인공지능이 프로그램을 잘 짜주기는 하는데 사용자가 얼마나 명확한 기능과 실행 방법을 제공하는가에 따라 프로그램의 수준에 엄청난 차이가 생긴다.

인공지능에 어떻게 논리적으로 질문하고 돌아온 답변에 응대할 것인가가 중요하다 보니 프롬프트 엔지니어prompt engineer를 고액연봉을 주고 모셔가는 현상도 나타나고 있다. 프롬프트란 연기를 하거나 사회를 볼 때 연기자나 발표자에게 대본을 알려주는 것을 말하는데, 프롬프트 엔지니어는 인공지능에 무엇을 해야 하는지 코드 대신 언어로 지시를 작성하는 전문가다. 인공지능 서비스가 고도화되면서 프롬프트 엔지니어의 필요성이 줄어들 것으로 보기도 하며, 한편에서는 이미 전문 분야별로 특화된 프롬프트 작성 앱이 나오기 시작했으니 이것을 활용하면 된다고도 한다. 그러나 그 어떤 경우든 논리적 사고와 명확한 언어 능력이라는 측면에서 앞으로는 프롬프트 작성이 디지털 문해의 한 부분으로 포함될 것이다.

인공지능의 교육적 활용을 위해서는 프롬프트 전문가까지는 아니더라도 인공지능을 자유자재로 활용하기 위해 프롬프트에 관한 공부가 필요하다. 인공지능에 지시할 때는 지시 사항을 논리적으로 구성해서 표현하는 언어 능력과 함께 디지털을 이해하고 활용하는 디지털 문해력이 필수적이다. 나아가 특정 분야에 대한 정확한 정보를 얻기 위해서는 해당 분야에 대한 전문 지식을 갖고 사실과 거짓을 구분해서 세밀하게 수정할 능력이 있어야 한다. 내용을 아는 사람이 프롬프트도 작성하고 결과물을 수정할 수 있으며, 디자인 능력이 있는 사람이 인공지능을 통해 생성된 그림을 더 창의적으로 창작할 수 있다.

인공지능이 해결사는 아니다. 결국은 사람이 해결사이고, 인공지능은 명확한 결론에 도달할 수 있도록 보조하는 도구다. 앞으로는 인공지능을 잘 활용하는 사람이 성공할 것이고, 인공지능을 활용하기 위해서는 더 많은 공부가 필요하다.

교육에서 인공지능의 역할

이처럼 인공지능은 교육에서 활용할 방법이 무궁무진하지만, 현실적으로는 인공지능을 얼마나 믿고 어떻게 활용해야 할 것인가에 관한 고민이 많다. 일각에서는 학교에서 학생들이 스스로 문제를 찾고 사실을 탐구하는 능력을 키우기 위해 인공지능 사용을 금지해야 한다는 견해가 있다. 또 한쪽에서는 인공지능이 일상에 들어오는 일을 피할 수 없으므로 차라리 적극적으로 활용하는 방법을 배워야 한다는 견해도 있다. 교육자나 학부모의 논란과는 관계없이, 이미 초등학생도 모르는 게 있으면 챗GPT에게 물어볼 정도로 인공지능의 활용은 우리의 일상에 빠르게 들어오고 있다.

여러 가지 측면에서 인공지능의 교육적 효과에 대한 부정적인 시각이 있는 것도 사실이지만, 전반적으로는 긍정적인 시각으로 빠르게 바뀌는 것 같다. 다만 생성형 인공지능을 사용해본 사람이라면 자료의 근거와 진정성에 의구심을 나타낸다. 이런 종류의 인공지능은 아직 진실 여부를 스스로 가리지 못한 채, 보유하고 있는 자료를 중심으로 작성하다 보니 근거 없는 문서도 나오고, 틀린 자료를 참조하기도 하며, 때로는 대화 중의 내용을 토대로 제멋대로 지어낸 거짓말도 한다. 미국에서는 변호사가 재판에 챗GPT가 작성해준 변론서를 냈다가 들통나서 벌금을 내거나, 인공지능이 작성한 논문에서 오류가 발생해 망신을 당한 사건도 있다.

그러다 보니 이제는 인공지능에도 책임을 묻기 시작했다. 물론 그 책임은 인공지능 개발자에게 전가되기에, 그들도 부정적 사용을 막기 위해 다양한 노력을 계속하고 있다. 그럴 뿐만 아니라 전 세계적으로 정부 차원에서 인간을 보호하기 위한 제도적 장치를 준비하고 있다. EU^European Union, 유럽연합는 출처 명기, 자료의 위험도 분류, 저작권 보호, 저작자에 대한 이익 배분, 유럽 지역 내에서 발생한 개인 정보의 유출 금지 등을 법제화하고 있다. 미국은 아직 법제화에 들어가지는 않았지만, 인공지능으로 인한 위험을 관리하는 전체적인 틀을 구성하고 있다. 우리나라도 인공지능 관련 법 제도를 정비하고 저작권 보호를 위한 제도 개선 작업을 하고 있다. 기술의 발전에 따른 부작용을 최소화하기 위해 세계적으로 공통의 방어책 마련이 가속화될 것이다.

7.
200년 된 공장형 학교의 종말

저명한 미래학자인 토머스 프레이^{Thomas Frey}는 2015년부터 2030년까지 전 세계 대학의 절반이 사라질 것이라고 예측했다. 또 다른 미래학자인 제이슨 스완슨^{Jason Swanson}은 2030년까지 사라질 것으로 공장형 교육^{factory model school}을 꼽았다. 공장형 교육이라는 용어는 최초에 초중등학교에서 한 강의실에서 여러 학생에게 동일한 내용을 가르치는 것을 비유적으로 이른 말이다. 우리나라의 경우 공교육은 물론 대부분의 교육기관이 공장형 교육을 하고 있지 않은지 짚어봐야 한다.

공장형 교육이라는 용어는 형태에서 비롯되었지만, 내용 면에서도 다음처럼 여러 가지 면에서 그 특징을 찾아볼 수 있다.

○ 제도와 규범을 토대로 중앙관리정책에 따라 교과 과정을 설
  계하고 이를 엄격하게 준수하는 교육.

○ 학생 중심의 교과 과정을 설계한다면서 학생은 참여하지 않
  고 설계된 과정.

○ 과거와 현재의 경험을 바탕으로 하나의 틀에 모든 것을 맞추
  는 과정.

○ 창의적 실험보다는 기존의 지식과 경험을 토대로 한 길라잡
  이형 실습.

○ 교수-학습 모델을 고려하지 않고 최첨단 기자재를 갖춘 전
  통적인 구성의 교실과 시설.

공장형 교육 탈피 과제

4차 산업혁명이 진행되고 팬데믹을 거치면서 영국을 중심으로 전 세계의 여덟 개 국가가 참여해 심층학습에 관한 새로운 교육법을 연구하는 NPDL New Pedagogy for Deep Learning: 심층학습을 위한 새로운 교육학 은 '교육 재구상: 미래의 학습 Education Reimagined: The Future of Learning' 에서 교육의 재설계를 위해 다음의 여섯 가지를 고려할 것을 권고하고 있다.

○ 불확실한 미래에서 성장에 필요한 지식, 기술 및 속성은 무
  엇인가?

○ 현재와 미래의 복잡성을 위해 어떤 종류의 학습이 필요한가?

○ 교육의 형평성을 어떻게 보장할 것인가?

○ 어떻게 웰빙을 실현할 것인가?

○ 원격 학습에서 무엇을 배웠는가?

○ 미래 학습을 위해 기술을 가장 잘 활용할 방법은 무엇인가?

상당히 의미 있는 질문으로 미래 교육을 위해 학교의 재설계, 교육 과정의 재설계가 필요하다는 데 공감하고 있다.

영국은 매년 초에 초중등학교와 고등교육 중심의 세계 최대 교육기술 박람회 벳쇼British Education and Training Technology Show, Bett Show: 영국 교육 및 훈련 기술 박람회를 개최한다. 매년 교육 트렌드를 고려해 주제를 제시하는데, 눈여겨볼 만하다. 2015년부터 2017년까지 벳쇼의 주제는 모두 학습learning이었다. 2018년에는 미래 인재 양성을 위한 학교의 재설계를 내세우며 '뉴 스쿨New School'을 주제로 내세웠다. 그러면서 박람회에 출품한 시스템이 학습관리 시스템LMS 중심에서 통합형 학교관리 시스템School Management System, SMS 또는 경영정보 시스템MIS으로 바뀌었다. 출시된 제품들을 보면 교과 과정 설계, 상세한 학생 평가 도구 등 정말 유용하지만 교사가 사용하기는 부담스러워 보였다. 이런 시스템을 도입하면 교육은 좋아질 수 있지만, 교사의 업무가 증가해 궁극적으로는 수업에 충실할 수 없을 것이다. 그래서인지 그다음 해인 2019년에는 주제를 '기본으로 돌아가자Back to Basic'로 바꾸고 부제를 '에듀테크로 교사 부담을 낮춰 교육 본연에 충실하게 하자focus on teacher workload, the use of EdTech in alleviating the burden'
로 했다. 우리 교육이 반드시 생각하고 반영해야 할 부분이다.

팬데믹을 거치면서 학교에서는 수업 시간에 온라인 수업, 화상
수업, 학생과의 소통이 증가할 수밖에 없었다. 이제 팬데믹이 끝났
다고 하지만 아직도 일부 도구는 계속 활용되고 있으며, 미래의 교
육 환경을 생각한다면 더 많이 사용하게 될 것이다. 공교육이 아니
라 치열한 경쟁이 일어나는, 소위 사교육이라고 불리는 초중등 민간
교육이나 인적자원 개발, 직무교육 등의 분야에서는 더 크고 빠른
변화가 일어나고 있다. 기업 교육에서 집체 교육은 최소화되었으며,
온라인 교육이 강화되고, 학습 여정 설계에 의한 일과 학습 연계 등
교육을 적극적으로 재설계하고 바로 실행하고 있다.

공교육이 먼저 변해야 한다

교육기관의 교육 공간, 교육 과정, 교육 방법, 교육 수단의 재설
계는 필수적이다. 그 과정에서 가장 큰 어려움을 겪는 것은 교사, 강
사, 교수 등 가르치는 사람들이다.

이제는 공교육도 변하고 있다. 4차 산업혁명 이후 교과 과정 설
계와 수업은 물론이고, 비교과 활동이 증가하고 학생 지도가 강화되
며 새로운 교수-학습법 도입으로 총체적인 업무가 증가했다. 이에
더해 팬데믹을 거치면서 이제는 콘텐츠 개발, 온라인 과정 운영, 새
로운 수업 지원도구 활용, 디지털 기기 숙지, 개별화된 지도를 위한

학생 데이터 입력 등이 추가되고 있다. 새로운 기기, 콘텐츠, 앱 등이 쏟아져 나오는데 디지털 이주민인 교사들이 이를 수용하기는 쉽지 않다. 정부에서 빠르게 익숙해지도록 교사 연수를 강화하고 있지만, 단기적인 효과를 보기는 쉽지 않다.

미래 교육을 추진하는 것은 미래를 이끌어갈 주역이 되도록 학생들을 잘 가르치는 것이다. 그 희망의 씨앗을 틔우는 사람은 교사와 강사, 교수다. 이들이 급격히 변화하는 4차 산업혁명의 환경에 뒤처지지 않도록, 변화에 적응하지 못하고 쓰러지지 않도록 힘을 실어주면서 교육의 재설계가 되어야 할 것이다.

8.
교육은 파괴되어야 한다

국제 수학 올림피아드 메달리스트인 우리나라 영재가 미국 MIT에 장학금을 받고 진학했다. 그런데 MIT를 간 이유가 서울대에 떨어졌기 때문이라고 한다. 국제 수학 올림피아드에서 금메달을 받았지만, 서울대 수학과 입학시험에서 낙방한 것이다. 이런 사례들은 우리나라 교육 현실을 되돌아보게 한다. 이 학생들은 국제 올림피아드 준비를 하다 보니 내신이 다소 낮아졌다. 그런데 우리나라에서는 교외 경시대회 실적을 학생 생활기록부에 기록할 수도 없고, 대학 입학 원서에 기재할 수도 없다. 국제 올림피아드에서 메달을 딴 우수한 학생들이 오히려 불이익을 당하는 것이다.

MIT는 내신 성적이 낮아 서울대를 떨어진 학생을 왜 장학금을 주면서 모셔갔을까? MIT는 성적보다는 국제올림피아드를 준비한 과정을 평가하고, 그 결과를 통해 미래의 발전성을 봤기 때문이다. 즉, 학력보다는 학습해온 과정을, 그리고 내신성적보다는 학습력을 중요하게 본 것이다.

전형적인 교육의 파괴

미국의 칸 아카데미Khan Academy는 공부를 잘하게 만드는 방법에 대한 관점이 다른 것 같다. 칸 아카데미가 시작된 배경부터가 남다르다. 미국의 MIT를 졸업한 인도계 미국인인 살만 칸Salman Khan은 멀리 떨어진 곳에 있는 조카에게 수학을 가르쳐주기 위해 유튜브에 콘텐츠를 올렸다. 헤지펀드 애널리스트로 일했던 경험 덕분에 설명을 참 잘했나 보다. 조회 수도 높고 인기가 올라가다 보니, 2016년에 본격적으로 온라인 학습 서비스를 시작하기에 이르렀다.

칸 아카데미에서는 학년 구분 없이 성취 기준에 따라 학습자가 자신에게 맞는 수준으로 학습할 수 있다. 칸 아카데미는 잘 가르치는 학교가 아니라 학습자가 스스로 목표를 세우고 이를 달성하기 위해 잘 학습하게 만드는 학교다. 칸 아카데미에서는 학습하는 과정, 내용, 성취 수준에 따라 다양한 디지털 배지digital badge를 지급하고 있다. 각 과정에서 얼마나 높은 성적을 받았는지도 중요하지만, 학습 활동을 얼마나 열심히 했는지도 평가한다. 학습 참여도, 활동 수준, 다른 학습자를 도와준 정도까지 측정해 그 역량을 인정하고 그 표식으로 디지털 배지를 준다. 디지털 배지란 군인의 계급장이나 경연대회의 표창장, 학교의 졸업장과 같이 무엇인가를 해냈다는 표식을 디지털 이미지로 나누어 주는 것이다. 디지털 배지를 클릭해 보면 어떤 활동을 통해 어떤 수준의 능력을 인정받았는지 누구나 확인해 볼 수 있다. 칸 아카데미에서 받은 배지를 보면 어떤 학습 과정을 거쳐 어떤 성과를 얻었는지 확인할 수 있는 것이다. 학생들은 이 배지를 남에게 보여주며 과시할 수도 있고 스스로 성취감을 느끼며 학습 동기를 더 강하게 가져갈 수도 있다. 교육에서는 성적도 중요하지만, 학습 과정도 중요하고 그 과정에서 받는 칭찬과 보상이 더 열심히 할 수 있는 동기부여가 된다. 디지털 배지에 관해서는 뒤에 더 자세히 살펴볼 것이다.

참고로 현재의 디지털 배지 동향을 간단하게 살펴보면, 국내에서도 많은 대학이 학점이나 졸업장을 디지털 배지로 발행하고 있다. 마이크로소프트, 구글, IBM, 아마존 등 글로벌 기업은 물론 앞서 얘기한 무크에서도 과정을 이수하면 인증서를 디지털 배지로 발행한다. 디지털 배지도 오픈 배지Open Badge라는 국제 표준이 있는데, 오픈 배지로 인증서를 발급받으면 취업할 때 온라인으로 한꺼번에 모아서 제출할 수도 있고, 한군데 모아 놓으면 구인 기업들이 검색하여 취업을 제안할 수도 있다. 앞으로 디지털 배지, 특히 국제 표준인 오픈 배지는 국제적으로 활용하는 폭이 더 넓어질 것이다.

실리콘 밸리에는 실리콘 스쿨 펀드Silicon School Fund라는 자선단체가 있다. 이 단체는 실리콘 밸리 기업들이 기부한 돈으로 혁신 학교를 만들어서 운영해보고 싶은 학교 또는 교육자에게 투자해주는 역할을 하고 있다. 실리콘 스쿨 펀드는 2년간 학교의 설립비부터 운영비까지 모든 비용을 지원하고, 2년 후에는 단계적으로 자립하도록 한다. 그렇다면 실리콘 밸리의 기업들은 왜 많은 돈을 들여 실리콘 밸리 내에 혁신 학교를 건립하려고 할까? 국가가 주도하고 관리하면 주어진 틀을 벗어나기 어려우므로 민간에서 혁신적인 교육 과정과 교육 방법을 설계하고 실천하는 것이 창의적 인재를 양성하기에 더 좋기 때문이다.

학위보다 실질적 배움

'디그리degree'는 대학이나 국가에서 일정 수준의 학술적 능력이나 성과를 달성했음을 인정해 수여하는 학위나 자격 증명을 말한다. 그런데 미국의 데이비드 블레이크David Blake와 에릭 샤프Eric Sharp는 학위 감옥에서 탈출하자Jailbreak the Degree라는 의미로 디그리드Degreed를 설립했다. 대학에서 학위는 받았지만, 정작 대학에서 배운 것들이 직장에서의 실무와 무관해서 일을 다시 배워야 하는 경우가 다반사이기에 기존의 학위, 학력, 학벌에 대한 도전 정신으로 실질적 배움을 근거로 능력을 인증하는 편이 더 명확하다는 것이다.

기존의 학위 과정을 보면 특히 공교육 분야는 학기 단위로 무조건 제도적 기간 동안 운영하고 시험을 봐서 통과하면 학위가 발행된다. 학업 성취도는 오로지 성적에 의존한다. 그것도 과정 평가가 아니라 중간고사, 기말고사로 대표되는 총괄평가를 중심으로 한다. 차라리 관련 서적을 읽고, 테드TED[7]나 세미나에 참석해 다양한 현장 지식을 얻고, 커뮤니티 활동으로 실전 감각을 높이는 것이 역량 강화에 더 도움이 될 수 있다. 그런데 이럴 때도 문제가 없는 것은 아니다. 주제에 대한 프레임워크를 놓쳐 지식의 체계성을 상실하고 편파적인 지식 습득에 빠질 우려가 있다.

디그리드는 이런 단점들을 보완했다. 독서, 세미나, 뉴스 등 학습과 관련된 모든 활동과 경험을 데이터로 저장하고 인공지능 엔진을 이용해 해당 데이터를 분석해 각 개인에 맞는 학습 추천 경로를 제시해준다. 학습자는 정해진 과정을 거치는 것이 아니지만, 해당 분야에서 필요한 모든 지식의 구성 요소를 마이크로 러닝 단위까지 추적해 레벨을 인증받을 수 있다. 디그리드는 학습자의 학습과 경험을 통합하는 학습경험 플랫폼Learning eXperience Platform, LXP을 통해 역량을 인증해준다. 현장 지식을 토대로 역량이 인증되니 디그리드의 인증서를 기업들이 수용할 수 있는 것이다.

여기서 기존 교육의 틀을 벗어난 학교에 다녔기 때문에 받는 불이익은 없을까 의구심이 들 수 있다. 우리나라만이 아니라 전 세계의 기업들도 입사지원자가 어느 대학, 어떤 학과를 졸업했다는 증거인 학력이 상대적으로 덜 중요해지고 있다는 사실을 안다. 그렇다고 공교육이나 학력이 중요하지 않다는 것이 아니다. 핵심은 그 과정을 통해서 사회, 또는 기업이 요구하는 역량을 제대로 갖추었는가다.

2018년 8월 구글과 애플을 비롯한 미국의 유명 기업들이 직원 채용과 관련된 중대한 발표를 했다. 이력서에 학력을 기재하지 말라

---

7 비영리 재단에서 운영하는 세계적 학술강의.

는 것이다. '많은 것을 알고 있는 사람보다 다양한 지식을 활용할 수 있는 사람' '유명 대학 출신보다는 새로운 프로젝트를 만들어본 사람' '성적보다 자신이 좋아하는 분야에서의 창의성' 등을 더 중요하다고 보았기 때문이다. 이제는 많은 기업이 취업 응시자에 대한 편견을 없애기 위해 출신 지역, 가족관계, 사진, 학력 등을 기재하지 못하게 하고 직무 역량 검증을 하는 블라인드 채용을 하고 있다.

'세상에서 변하지 않는 단 한 가지는 세상이 계속 변한다는 사실이다'라는 말이 있다. 정보의 양은 갈수록 폭증하고 정보를 가공해 사용할 수 있게 도와주는 인공지능도 등장했다. 사회가 변하면 사회가 요구하는 역량도 변할 것이다. 교육은 사회가 요구하는 역량을 갖춘 인재를 제때 양성해서 공급하는 민첩성을 가져야 한다. 그 어느 때보다 민첩한 교육이 필요한 시기다. 현재의 경직되고 보수적인 교육 체제를 타파하고 민첩한 교육으로 바꾸기 위해서는 혁명적 교육 전환이 필요하다. 정부, 교육기관, 교사, 학생 모두가 변해야 한다.

코로나를 계기로 찾아온 미래 교육

한국의 대학과 미국의 대학은 다른 점과 같은 점이 있다고 한다. 다른 점은 한국의 대학은 입학하기는 어려운데 졸업이 쉽지만, 미국 대학은 입학은 쉬운데 졸업이 어렵다는 것이다. 같은 점은 대학을 졸업해도 취직하기 어렵다는 것이라고 한다. 이것이 한국과 미국의 대학 전체를 대변하는 것은 아니지만, 의미하는 바를 들여다볼 필요가 있다. 한국은 유명 대학, 유망 전공을 중심으로 여전히 취업을 잘하고 있다. 미국은 교육 혁신을 이루어낸 학교는 여전히 취업을 잘하고 있다. 한국이나 미국이나 4차 산업혁명과 디지털 전환 시대에 필요한 인재를 양성하는 대학과 전공의 졸업생은 취업이 잘되고 그렇지 않은 대학과 전공은 취업이 안된다는 공통점이 있는 것이다. 여기에서 우리가 배워야 할 점은 대학의 서열화와 유망 전공이라는 재래식 틀을 깨야만 한다는 것이다.

사회가 원하고, 학습자의 미래를 보장해줄 수 있는 미래 교육은 교육의 혁신적 전환과 맥을 함께할 것이며 기술의 적절한 활용은 더 큰 발전의 촉매 역할을 할 것이다. 2019년까지 교육 변혁이 더뎠던 것은 정책적 측면과 인적 측면에서 그 원인을 찾을 수 있다. 정책적으로는 기존의 입시 틀과 학력 중심의 취업을 넘어서지 못했고, 이에 관한 사회적 공감대를 만들지 못한 것을 주요 원인으로 볼 수 있다. 인적 측면에서는 이러한 사회적 변화에 대응하기 위해 학교의 구성원들이 여러 가지 변화 요인을 사전에 파악해 적극적으로 공감하고 동참할 수 있도록 체계적으로 지원하는 활동인 변화 관리가 부족한 것이 주요 원인일 것이다. 미래 교육은 교육에 새로운 기술을 도입하기 위한 대규모 투자와 교육 관계자들의 인식을 바꾸기 위한 각고의 노력이 필요하다. 하지만 검증되지 않은 교육 방식을 추진하고 그에 맞춘 교육 인프라에 선투자하는 데 어려움이 따르는 것은 어쩌면 당연하겠다.

팬데믹 자체가 교육을 개혁한 것은 아니지만, 그로 인해 발생한 교육 단절을 해결하기 위해 본격적인 온라인 교육 인프라 투자와 콘텐츠 개발, 새로운 교육 방법의 개발과 시도가 이루어진 것은 사실이다. 이러한 혼돈의 시대가 3년간 지속되면서 정부의 정책, 교육기관의 운영 방식, 교사와 학생 및 학부모의 인식이 많이 바뀌었다. 많은 교육기관과 정부에서 불확실하다고 생각했던 교육의 디지털 전환에 대규모 투자가 시작되고 온라인 교육, 온라인 교육과 강의실 교육을 순차적으로 배합하는 혼합교육, 오프라인 교육과 온라인 교육을 동시에 진행해서 어떤 상황에서도 학습이 이어질 수 있게 하는 하이브리드 교육, 업무가 진행되는 과정에 따라 교육과 현장 교육이 이루어지는 워크플로workflow 교육이 자리를 잡기 시작하면서 교수자와 학습자들도 이에 적응해 나가는 과정에 있다.

팬데믹은 그토록 어렵던 정부, 교육기관, 교사와 학생 등 교육 관계자의 인식과 방향을 전환시키고 교육 방법, 교육 내용, 교육 인프라와 같은 교육 현장의 3대 축을 맞추는 계기를 가져다주었다. 나아가 기업도 학위나 전공보다는 산업 현장에서 필요한 역량 중심의 기술 맵을 토대로 직원을 채용하게 되었고 학습자들도 맞춤형 과정을 선택해 학습하는 학습의 뉴 노멀new normal이 정착되고 있다.

지금이 교육혁명의 최적기

미국의 과학사학자 토머스 쿤Thomas Kuhn은 《과학적 혁명의 구조Structure of Scientific Revolutions》라는 저서에서 패러다임의 근본적인 변화가 일어나기 위해서는 두 가지 조건이 충족돼야 한다고 했다. 첫 번째 조건은 기존의 모델이 완전히 실패한 것이어야 하며, 두 번째 조건은 더 나은 대안적 모델이 있어야 한다는 것이다.

기존 모델이 완전히 실패한 것이어야 한다는 첫 번째 조건은 충족된 것 같다. 우리나라만이 아니라 해외에서도 많은 교육학자들은 이미 오래전부터 기존의 교육 모델을 바꿔야 한다고 주장해왔다. OECD가 조사한 바에 따르면 과거 10여 년 동안 서구에서 교육 투자 비용을 거의 20% 증액하며 투쟁적으로 노력했지만, 실질적으로 학습 성취도가 개선된 사례는 없다고 한다.

두 번째, 더 나은 대안적 모델이 있어야 한다는 조건은 기술 발전과 함께 충족되고 있다. 팬데믹을 거치면서 다양한 대안적 모델을 발견하고 검증했다. 그동안 부정적이었던 이러닝의 효용성이 입증되었다. 적어도 학교 수업에서 온라인 수업도구를 활용해 교육 효과성을 높이는 방법을 찾아냈다. 나아가 온라인과 오프라인을 결합한 하이브리드 또는 하이플렉스 교육, 실감형 콘텐츠를 활용한 체험 학습과 실험·실습, 현장 학습을 위해 이론 수업―현장실습―토론 등의 교육 여정을 설계하는 러닝저니learning journey 기반의 현장 중심 하이브리드 학습, 디지털 배지를 이용한 역량 인증 모델 등이 속속 도입되고 있다. 그뿐인가, 예전의 단순 학습관리 또는 통합 시스템적 관리에서 더 나아가 학습 경험을 데이터화해 맞춤형 학습을 지원하는 학습경험 플랫폼, 대화형 인공지능을 포함한 생성형 인공지능의 상업화 등 진일보된 기술이 속속 교육에 도입되고 있다. 더 나은 대안적 모델이 이미 충분히 존재하고 있는 것이다.

4차 산업혁명과 디지털 전환은 사회 구조와 미래 직업을 전환시켰고, 팬데믹은 교육 방식과 학습 방식을 새롭게 변화시켰다. 많은 학습자, 관리자, 학부모가 전통적인 교육 방식의 폐해를 보완해 줄 새로운 대안적 교육 방식을 경험함에 따라 기존 교육의 효과성에 대해 의구심을 갖게 되었다.

　　팬데믹 이전의 교육으로 돌아가는 것은 불가능하다. 아니, 그래서는 안 된다. 교육이 없는 국가는 미래가 없고, 시의적절한 교육을 받지 못한 개인 역시 마찬가지다. 따라서 과거의 교육으로 돌아가는 것은 암흑의 미래로 가겠다는 것과 마찬가지다. 이제 교육 혁신을 할 것인가 말 것인가는 선택이 아닌 필수다. 전격적인 교육 혁신을 할 것인가 아니면 대안적 교육방식을 채택해 점진적인 혁신을 할 것인가의 선택만 남았을 뿐이다.

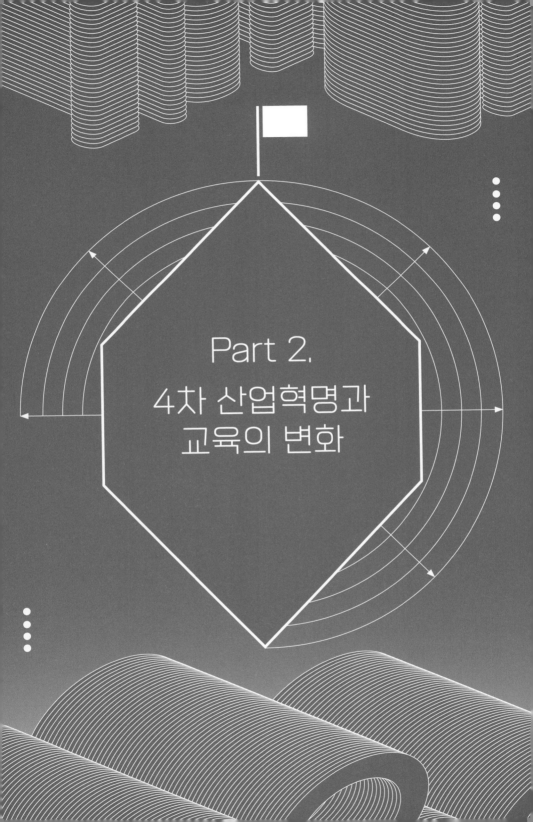

Part 2.
4차 산업혁명과
교육의 변화

1.
미래 교육의 기반, 인공지능

'불의 발견'은 인류의 역사에서 가장 중요한 사건 중 하나다. 불이 발견되기 전에 인간은 생존을 위해 야생 식물과 동물을 먹으며, 기후와 자연 환경의 혜택 속에서 살아남으려 애썼다. 하지만 불의 발견은 이러한 인간의 삶의 방식을 근본적으로 변화시켰다.

불을 발견한 인간은 불을 이용해 음식을 조리하고, 따뜻한 곳에서 자거나 차가운 날씨에 몸을 녹일 수 있게 되었다. 또 불을 이용해 빛을 만들고, 도구와 무기를 만들어 삶의 질을 대폭 개선할 수 있었다. 불을 얻은 결과, 인간은 더욱 발전된 문명을 건설했다.

이후 역사를 살펴보면 증기기관, 전기, 컴퓨터 등 새로운 기술이 등장할 때마다 인류의 삶은 근본적으로 변화했다. 증기기관의 발명은 농사나 수공업의 시대에서 대량생산의 시대로 전환을 가져왔고 전기는 공장 자동화를 통해 생산성을 폭발적으로 증가시켰다. 이후 찾아온 컴퓨터의 발명은 정보화 시대를 열었으며 인터넷과 스마트폰 등의 기술 발전으로 인간의 삶과 커뮤니케이션 방식을 근본적으로 변화시켰다. 4차 산업혁명 기술인 인공지능, 빅데이터, 사물인터넷, 로봇공학 등 기하급수적인 지식정보 기술의 발전으로 인류의 삶은 더욱더 혁신적으로 변화하고 있다. 이러한 기술의 발전은 인간의 삶을 향상시킬 뿐 아니라, 인류가 직면한 문제들을 해결하는 데도 큰 역할을 할 것이므로 기술 발전에 대한 지속적인 관심과 노력이 필요하고 이를 통해 지속 가능한 성장과 발전을 이루어 나가야 한다.

오늘, 인간은 또 하나의 혁명을 거치는 중이다. 이 혁명도 과거에 확실했던 것을 폐기하고 그 잿더미 위에 새로이 구축되고 있다. 이번 혁명의 엔진은 사냥과 채집의 삶에서 농업으로의 전환에 기여한 곡물의 씨앗과 조면기, 그리고 기계식 생산 방식으로의 전환을 가져온 증기기관과 전기에 이은 세 번째 충격파로, 바로 인공지능이다. 인공지능은 제임스 와트James Watt가 발명한 증기기관이 방적기와 증기철도로 발전해 경제를 파괴적으로 혁신시킨 충격만큼이나 세상을 바꿔놓을 것으로 예상된다.

인공지능은 1956년 다트머스 회의에서 처음 등장한 용어로, 기계가 인간의 지능과 유사한 능력을 갖출 수 있다는 미래적인 비전을 제시했다. 그 이후 인공지능 기술은 대규모 연구와 개발을 거쳐 지금까지 발전해왔고 이러한 발전은 1980년대 이후 컴퓨터의 성능 향상과 인터넷 등의 기술적인 발전으로 가속화되었다. 1990년대에는 인공신경망과 유전 알고리즘[1], 머신러닝 등을 활용한 지능적인 응용 분야에서 대규모의 연구와 개발이 이루어졌으며, 2000년대 이후로는 인간의 지능을 모방하거나 초월하는 인공지능 기술의 발전이 주목받고 있다. 특히 딥러닝과 인공신경망, 자연어 처리[2], 음성 인식, 이미지 인식 등의 인공지능은 현재 상용화되어 다양한 분야에서 활용되고 있다.

최근에는 챗GPT와 같은 생성형 인공지능이 주목받고 있다. 생성형 인공지능은 대용량 연상이 가능한 컴퓨팅 인프라를 기반으로 대규모 데이터를 스스로 학습해 인간처럼 사고하고 학습하며 판단한다. 이 신기술은 현재 자율주행 차량, 언어 번역 서비스, 의료 진단 및 예측, 로봇 기술 등에 적용되고 있다.

이렇게 인간 정신노동의 능력을 확장해준 인공지능은 고대 인류가 처음 불을 지피기 시작한 이래 그 어떤 요소보다 더 강력하게 세상을 바꿔놓고 있다. 이 책을 쓰고 있는 지금 이 순간에도 수북이 쌓인 참고서적이나 구글 검색엔진을 대신해 한쪽 모니터에서는 챗GPT와 구글 바드가 집필을 지원해주고 있다. 이전에 경험해보지 못한 엄청난 생산성을 체감하고 있고 엄청난 희열과 두려움 그리고 전율을 동시에 느끼고 있다.

---

1 생물의 자연선택을 모방한 문제 해결 최적화 연산법.
2 사람의 자연어를 분석하고 처리하는 기술.

챗GPT의 놀라운 능력

미래학자이자 일러스트레이터인 아서 래드보Arthur Radebaugh는 1958년부터 1962년까지 매주 일요일 신문을 통해 미래 세계의 상상도를 그려 독자들의 호기심을 자극했다. 그중 1958년 5월 25일자에는 미래의 학교를 다루었다.[3]

'푸시버튼스쿨Push Button School'이라는 제목의 이 삽화는 미래 하이테크 학교가 방대한 데이터와 데이터 분석 기술을 활용해 개별화된 교육으로 과밀 학급을 해결하고 이를 통해 교사의 업무 경감을 이룬다는 내용이다. 인공지능이 시작된 1950년대에 기술낙관주의자들이 상상했던 일들은 바로 지금 우리 눈앞에 현실이 되어 등장했다.

최근 주요 소셜미디어 타임라인을 도배하고 있는 챗GPT는 인터넷이 처음 등장했을 때, 그리고 이세돌을 이긴 알파고를 목도했을 때만큼이나 전 산업 영역에 걸쳐 엄청난 충격을 주고 있다. 챗GPT란 Generative Pre-trained Transformer사전 학습된 생성형 변환기의 약자로 오픈AI가 개발한 인공지능 모델이다. 2022년 11월 GPT-3.5버전을 기반으로 처음 출시된 GPT-3.5는 전 세계 5조 개의 문서를 학습하고 1,750억 개의 매개변수를 활용했다. 2023년 3월에 이어서 출시한 GPT-4.0은 100조 개의 매개변수와 이미지와 영상, 음성까지 활용해 그 결과를 출력하고 있다. 챗GPT는 출시되고 나서 두 달 만에 미국 와튼스쿨 MBAMaster of Business Administration: 전문경영인 양성을 위한 경영

---

3   https://www.educause.edu/interactive/2017/4/back-to-the-future-of-edtech/assets/img/
    push-button-education.jpg

학 석사 과정, 미국 의사면허시험, 로스쿨 시험을 모두 무난하게 통과하며 인간의 지적 능력과 관련된 대부분의 일을 수행할 수 있는 역량을 입증했다.

챗GPT는 지난 2022년 11월, 출시와 동시에 폭발적인 관심을 받으며 5일 만에 100만 명, 1개월 만에 약 1,000만 명의 사용자를 모은 데 이어 2개월 만에 월간 활성 사용 수monthly active users, MAU 1억 명을 돌파했다. 넷플릭스Netflix가 3.5년, 페이스북Facebook이 10개월, 인스타그램Instagram이 2.5개월 걸린 것과 비교하면 챗GPT에 대한 인류의 기대 수준을 알 수 있다. 헨리 키신저Henry A. Kissinger는 생성형 인공지능을 인쇄술 이후 최대의 발명이라 이야기했고, 빌 게이츠Bill Gates는 1980년 이후 가장 중요한 기술적 발전이라고 언급했다.

과거의 산업혁명을 불러왔던 기술이 사람의 육체노동을 대체하는 것이었다면, 4차 산업혁명의 정점인 챗GPT는 정신노동을 대체하고 있다는 데 주목할 필요가 있다. 초거대 인공지능 언어모델large language model, LLM은 멀티모달Multimodal[4] 인공지능으로 빠르게 발전할 것으로 내다보고 있다. 그 경우에 이미지를 텍스트로 설명해주는 등 양방향 활용이 가능해져 생산성 및 효율성이 한층 더 향상될 것으로 기대된다. 이미 GPT-4.0에서는 멀티모달을 적용하고 있다.

챗GPT가 인간처럼 논문, 시 등의 글을 작성할 수 있을 뿐만 아니라, 각종 시험을 무난하게 통과하는 능력을 갖추면서 지식의 양과 전달 중심이었던 교육의 방식을 바꾸어야 한다는 묵혀둔 논의가 긴

---

4 글, 그림, 소리 등 다양한 형태의 정보를 동시에 처리하는 능력을 가리키는 용어.

박해지고 있다.[5]

가장 좋은 상태의 교육은 멀리서 사회를 비추지 않는다. 사회와 동떨어져 있는 게 아니라 마치 사회라는 옷감을 관통하는 실처럼, 사회의 패턴에 스스로를 맞춘다. 지금은 인공지능과 같은 4차산업 기술이 교육이라는, 변화에 가장 더딘 빗장을 들어 올리고 있다.

디지털 시대의 교육은 기술 자체와 활용에만 초점을 맞추어서는 안 된다. 지금까지 상상조차 할 수 없었던 일도 기술을 활용해 상상할 수 있어야 하고 기술로 인해 빚어지는 어두운 부분도 적극적으로 고려해야 한다.

교육은 언제나 사회의 변화에 이바지해왔다. 지금은 그 어느 때보다 더 그래야 한다. 21세기 교육은 학생들을 기술의 파고 아래에서 곧 사라지고 말 직업에 대비시키는 게 아니라, 그들을 시대착오적인 서열화된 학력 위주의 모델에서 해방시키고 그들에게 스스로의 미래를 개척할 수 있는 주인의식을 심어주어야 한다.

에듀테크의 중심 기술, 인공지능

챗GPT 출시 이후 초거대 인공지능 언어모델을 적용한 에듀테크 서비스들이 빠르게 출시되고 있다. 마이크로소프트는 오픈AI와의 협력을 기반으로 코파일럿Co-Pilot을 활용해 인공지능 기반의 교

---

5 조지프 E. 아운. 2023

육 서비스 러닝액셀러레이터Learning Accelerator를 선보였고, 구글은 2023년 5월 10일 미국과 영국 등에 제한적으로 출시했던 대화형 인공지능 바드를 전 세계 180여 국가에 전면 공개했다. 특히 영어에 이어 한국어를 두 번째로 지원하겠다고 밝혔다. 바드는 구글 교육용 워크스페이스Google Workspace6에 적용되고 있다.

마이크로소프트, 구글, 메타Meta와 같은 빅테크 기업을 중심으로 개발되고 있는 초거대 인공지능은 또 한번 에듀테크 생태계의 구조 재편, 또는 파괴적 혁신을 만들어내고 있다.

이처럼 초거대 인공지능 언어모델의 기술 발전에 따라 더 정확하고 개인화된 학습 지원이 가능해질 것으로 예상된다. 현재 어떤 서비스들이 제공되고 있는지 살펴보자.

구분	설명
듀오링고 Duolingo, 미국	초거대 인공지능 언어모델인 듀오링고 언어 모델Duolingo Language Model을 활용해 사용자의 학습 상황에 따라 맞춤형 학습 계획을 제공하는 언어 학습 앱. 학습자의 언어 역량을 정확하게 파악하고, 이를 바탕으로 개인화된 학습을 제공해 학습 효과를 극대화한다.
칸아카데미 미국	칸아카데미가 출시한 오픈AI 기반의 칸미고Khanmigo 튜터링 서비스는 칸아카데미의 방대한 교육 콘텐츠를 기반으로 학생들의 질문에 정확하고 유익한 답변을 제공한다. 소크라테스식 질문법을 적용한 튜터링으로 학습 진도를 추적하고 개인화된 학습계획을 제공하는 인공지능 학습 챗봇이다.

6   개인, 조직을 대상으로 제공하는 클라우드 기반 협업 서비스 모음.

구분	설명
그래멀 Grammarly, 미국	그래멀리 인사이트 엔진Grammarly Insights Engine을 활용해, 사용자의 영문 문장을 자동으로 교정해주는 온라인 문법 교정 서비스. 사용자의 문장 구조, 어휘 등을 분석해 정확한 문장을 생성할 수 있도록 지원한다.
브레인리 Brainly, 폴란드	브레인리 인공지능 지식 엔진Brainly AI Knowledge Engine을 활용해, 다양한 학습 질문에 답변을 제공하는 학습 커뮤니티. 학습 질문에 대한 정확한 답변을 생성하기 위해 초거대 인공지능 언어모델을 활용하며 이를 통해 학생들은 더욱 정확한 답변을 얻을 수 있다.
아버교육 Arbor Education, 영국	출결 관리, 문서 관리, 평가 관리, 진도 관리, 행동 관리, 학부모 소통, 특수교육 관리, 지불 관리 등을 포함하는 학교 통합관리 시스템 서비스다. 챗GPT와 아버의 데이터베이스를 활용해 자동화 서비스를 제공하고 있다.

인공지능 기반 교육과 그 한계

인공지능 기술은 이미지, 음성, 언어 처리 등의 분야에서 높은 성능을 보인다. 챗GPT가 기존에 배우지 않았던 문장이나 언어 표현을 스스로 만들어내는 능력을 갖추고 있는 것은 확실하다. 다만, 인간의 사고력을 대체하는 것은 불가능하다. 초거대 인공지능 모델은 인간이 만들어낸 데이터를 활용해 인간이 학습하는 방식으로 만들어진다. 따라서 인간의 지적 호기심과 창의성, 직관적 사고력 등은 인공지능 기술로 대체할 수 없다.

인공지능 기술은 입력되는 데이터의 품질에 따라 성능이 크게 달라진다. 인공지능이 학습하는 데이터가 편향되어 있거나 데이터의 양이 부족한 경우 인공지능 기술의 성능이 제한될 수 있다. 또 학습 데이터를 수집하고 정제하는 과정은 시간과 비용이 매우 많이 들기 때문에 이를 처리하는 데 기술적, 비용적 한계가 존재한다. 이 과정에서 정보 노출 문제도 발생할 수 있다. 훈련 데이터의 출처가 명확하지 않고 결과를 출력하는 알고리즘이 설명 불가능해, 실제로 있지 않은 사실을 생성하거나 부적절한 추론을 하는 할루시네이션 hallucination: 환각의 문제가 있다.

이처럼 기술적 한계가 존재하지만, 초거대 인공지능 기술의 교육적 활용 속도는 생각보다 빠르다. 서울시교육청의 조사[7] 결과 실제 챗GPT를 사용한 경험이 있는 교사가 70.1%로 나타났다. 또한 챗GPT가 교사의 역할에 도움이 된다는 응답이 90.5%로 조사되었다. 2023년 필라델피아에서 열린 ISTEInternational Society for Technology In Education: 국제교육기술협회 콘퍼런스에서는 인공지능 기술의 교육적 활용 역량 강화를 위한 프로그램을 체계적으로 제시했으며, 교사의 중요한 역량으로 인공지능 기술에 대한 정확한 이해와 함께, 인공지능과 하이브리드 팀 구성을 통해 업무를 혁신할 수 있는 역량의 중요성을 강조했다.

---

7   챗GPT시대, 현장 교사에게 묻다. 2023.04

초거대 인공지능 시대 교육의 방향

인공지능 기술의 발전으로 인해 교육 분야에서도 많은 변화가 예상된다. 인공지능 기술은 학생들의 학습 수준과 상황을 분석해 개별 맞춤형 학습계획을 제공할 수 있고, 대화형 인터페이스를 통해 자연스러운 학습 경험으로 발전할 수 있다.

인공지능과 가상현실, 증강현실 기술의 결합은 체험형 학습을 혁신할 수 있으며 평가 측면에서도 정교한 학습 상황 모니터링과 개인화된 피드백을 제공할 수 있다. 이는 학생들에게 더 효과적으로 학습에 참여하고 학습 결과를 개선할 수 있도록 해준다.

언어학자 조지프 E, 아운Joseph E. Aoun은 초거대 인공지능 시대에 새로운 문해력과 인지능력의 중요성을 역설하고 있다. 그는 새로운 문해력으로 데이터 문해력, 기술적 문해력, 인간 문해력의 중요성을 강조한다. 특히 인간 문해력은 학생들에게 인문학·의사소통·디자인을 가르침으로써 그들이 인간으로 둘러싸인 환경 속에서 제 역할을 감당할 수 있게 해주므로 중요하다고 했다.

그는 서로 다른 관계 속에서 통합적이고 총체적으로 바라보는 인지능력은 고도의 정신적 기술이라고 설명하며, 세상을 대하는 사고방식으로 그 중요성을 이야기한다.[8]

여러 분야를 넘나들면서 볼 줄 아는 능력인 시스템 사고와 창의적 사고방식을 경제 분야에 적용하는 역량인 기업가 정신, 논리적이

---

8   조지프 E.아운(2023). AI 시대의 고등교육

고 합리적으로 분석 및 판단하는 습관인 비판적 사고, 특히 변화무쌍하고 세계적인 환경 속에서 기민하게 대처하는 문화적 민첩성이 초거대 인공지능 시대에 필요한 인지능력의 핵심 요소라고 강조하고 있다.

이렇게 초거대 인공지능 시대에서 요구되는 새로운 문해력과 인지능력을 함양하기 위한 교육 환경은 과연 잘 준비되고 있을까?

2.
교육의 틀을 확장하는 메타버스

인공지능, 사물인터넷, 확장현실extended reality, XR[9], 빅데이터와 같은 정보기술의 발전은 우리를 연결과 확장의 시대로 안내하고 있다. 사람, 사물, 공간이 네트워크로 연결되어 전통적 경계가 무너지고 개별 기술들이 서로 융합되어 새로운 성장과 가치를 창출한다. 이러한 연결은 인간의 활동에서 시간과 장소에 구애를 받지 않고 새로운 영역으로 경험을 확장하는 기회를 제공한다.

연결과 확장의 개념으로 가장 주목받은 기술이 메타버스 metaverse다. 메타버스는 초월과 가상을 의미하는 메타meta와 우주를 의미하는 유니버스universe의 합성어로 "가상적으로 확장된 물리적

---

9   가상현실과 증강현실, 혼합현실 기술을 망라한 표현.

현실과 물리적으로 영구적인 가상공간의 융합"을 의미한다.[10]

교육 분야에서도 메타버스를 교수학습에 접목하려는 다양한 시도들이 이루어지고 있다. 특히 2021년 9월 발표한 한국판 뉴딜 2.0의 '메타버스 등 초연결 신산업 육성전략'과 코로나19가 맞물려 비대면 수업의 새로운 공간으로 주목받기 시작했고, 현재는 미래 교육을 실행하는 확장된 학습 경험공간으로서 그 가능성이 탐색되고 있다.[11]

메타버스를 활용한 융합 수업에서는 가상현실의 로마 콜로세움에서 역사를 배우고 기후 변화, 지질학, 생태계 보호 등의 복잡한 개념을 배우며, 다양한 나라를 여행하면서 문화와 언어를 습득할 수 있는 실재감과 몰입감을 더할 수 있다. 이렇게 메타버스에서는 물리적인 제약사항이 없으므로 실제 세계에서는 불가능한 실험이나 위험한 체험도 가능해진다.

메타버스의 성장을 지원하는 기술

죽어가던 메타버스에 애플이 숨을 불어넣고 있다.

디즈니Disney는 메타버스 사업을 완전히 철수했고, 마이크로소프트와 메타 또한 관련된 인력과 투자를 줄이고 있다. 하지만 애플은 2023년 6월 5일 공간컴퓨팅 서비스 애플 비전 프로Apple Vision Pro

10   ASF(Acceleration Studies Foundation), 2007
11   계보경 외, 2021

를 발표했고 이는 시총 3조 달러를 넘는 기록을 경신했다.

애플의 비전 프로는 가상현실, 증강현실 및 둘의 장점을 가져온 혼합현실mixed reality, MR용 기기이며 메타버스 구현의 핵심 제품이다. 사용자 경험을 향상하고, 더 나은 커뮤니케이션을 촉진하며, 몰입감 있는 가상세계를 만들기 위한 새로운 기술혁신의 결과다. 메타버스의 성장을 촉진하는 연관 기술[12]은 다음과 같다.

○ **가상현실 및 증강현실**: 메타버스의 초석으로, 사용자가 가상 환경에 몰입하고 실제 환경에 디지털 콘텐츠를 덧입힐 수 있게 해준다. 더 가볍고 편안한 헤드셋과 같은 하드웨어의 발전과 더욱 사실적인 그래픽 및 햅틱haptics[13] 피드백으로 메타버스는 점점 더 접근성과 몰입도가 높아지고 있다.

○ **블록체인과 암호화폐**: 블록체인 기술은 메타버스 안에서 안전하고 투명하며 분산된 거래를 가능하게 한다. 사용자는 토지나 디지털 아트와 같은 가상 자산을 소유하고 암호화폐를 사용해 거래할 수 있다. 대체 불가능한 토큰non-fungible token, NFT의 등장으로 디지털 경제가 번창하면서 크리에이터는 자신의 작품으로 수익을 창출하고 사용자는 독특하고 가치 있는 아이템에 투자할 수 있게 되었다.

○ **인공지능과 머신러닝**: 인공지능 기술은 자연어 처리, 가상 비서 지원, 콘텐츠 개인화를 가능하게 해 메타버스 경험을 향상시

---

12 7 Top Technologies for metaverse development.2022, Esther Shein
13 키보드, 터치스크린 따위의 입력장치를 통해 촉각과 힘, 운동감을 느끼게 하는 기술.

킨다. 컴퓨터 비전에 지능을 부여하기도 하는데, 인공지능의 프로세싱 능력은 메타버스 안에서 아바타를 만들고 디지털 휴먼에 더욱 인간 다운 특징을 부여할 수 있다. 게임 속에서 NPC^non-player character[14]와 플레이어의 대화를 가능하게 하는 것도 인공지능과 머신러닝이다..

○ **사물인터넷**: 메타버스와 사물인터넷을 결합하면 개인과 사회, 산업의 영역에서 새로운 기회가 열릴 것이라고 한다. 사물인터넷은 가상공간이 현실세계와 끊김 없이 상호 작용하고 접촉할 수 있도록 해주며, 메타버스는 사물인터넷 기기에 3차원의 이용자 인터페이스를 제공해 이용자 중심 사물인터넷과 메타버스 경험을 만들어낼 수 있다.

○ **공간 컴퓨팅**: 공간 컴퓨팅은 디지털 객체와 사용자가 물리적 환경과 직관적으로 상호 작용할 수 있도록 지원한다. 이 기술을 통해 디지털 세계와 물리적 세계를 매끄럽게 혼합해 더욱 몰입감 있는 경험을 제공하고 실제 환경을 더욱 정확하게 시뮬레이션할 수 있다.

○ **5G와 에지 컴퓨팅**: 메타버스가 고속, 지연 없는 연결을 요구함에 따라 5G와 에지 컴퓨팅[15]이 메타버스 개발에 중요한 역할을 할 것이다. 5G 네트워크는 더 빠른 데이터 전송 속도를 제공하며, 에지 컴퓨팅은 처리 능력을 사용자에게 더 가까이

---

14 실제 사람이 아닌 도우미 캐릭터.
15 중앙 클라우드 서버가 아니라 이용자의 단말기 주변^edge이나 단말기 자체에서 데이터를 처리하는 기술로, 보안성이 뛰어나다.

가져와 반응이 더 빨라지고 몰입감 있는 경험을 만든다.

○ **소셜 및 협업 도구**: 메타버스는 엔터테인먼트뿐만 아니라 협업과 사회적 상호 작용을 위한 기회도 제공한다. 비디오 캡처, 홀로그래피, 고급 음성 채팅 시스템과 같은 새로운 기술은 사용자가 더 쉽게 연결하고 함께 작업할 수 있도록 지원해 더욱 포용적이고 매력적인 가상공간을 만든다.

○ **뇌-컴퓨터 인터페이스**brain-computer interface, BCI: 뇌파를 이용해 컴퓨터를 사용할 수 있는 인터페이스를 뜻한다. BCI와 확장현실이 결합해 차세대 컴퓨팅 플랫폼이 될 것이라는 전망이 있다.

○ **3D 모델링과 재구성 기술**: 3D 재구성 기술은 사물의 실제 모습과 형태를 포착해 메타버스를 현실감 있게 만들 것이다. 여기에는 특정 제품의 3차원 프레임워크와 프로토타입을 제공하는 3D 모델링 기술도 포함된다.

○ **디지털 트윈**digital twin: 물리적 자산 또는 환경의 가상 복제본이다. 메타버스에서 실제 위치의 정확한 시뮬레이션을 만들거나 새로운 제품과 서비스를 개발 및 테스트한 후 실제 세계에서 구현하는 데 사용할 수 있다.

메타버스의 교육적 활용 가치

메타버스가 가지는 교육적 활용 가치는 미래 교육의 방향성과

맞닿아 있다.

　미래 교육의 방향성은 크게 개별화, 역량 기반, 학습자 중심, 탈경계 및 디지털 전환으로 제시되고 있다.[16] 학습자는 획일적인 교육과정이 아닌 자신의 관심사, 학습 수준에 따라 개별화된 맞춤형 교육을 받게 된다. 그리고 학생들은 실제 삶과 연계된 수업에 참여해 스스로 지식을 구성하며 주도성을 갖고 문제를 해결함으로써 다양한 역량을 개발할 것이다. 빠르게 발전하고 있는 초거대 인공지능과 같은 파괴적인 디지털 기술이 이를 실현 가능하게 할 것이다.

　메타버스는 학제 개편, 온·오프라인 연계 교육의 활성화, 다양한 학습자원 및 지역사회와의 연계 등 학습 경험이 교실이라는 한정된 공간을 벗어나 더 확장되게 해줄 것이다. 이러한 미래 교육의 방향성이 시공간의 연결 및 확장을 전제로 하고 있다는 측면에서 메타버스는 미래 교육을 실현할 수 있는 유용한 장이 될 수 있다.

　메타버스 기반 미래 교육 학습 환경 설계 연구[17]에서는 메타버스의 교육적 활용 가치도 '높은 실재감과 몰입감', '학습자 주도성 강화', '학습 경험 확장' 세 가지를 제시한다. 이를 차례로 살펴보자.

　먼저 메타버스는 학습자에게 높은 실재감과 몰입감을 제공한다. 메타버스는 일상과 차별되는 흥미로운 서사와 생생한 가상의 공간을 제공한다. 학습자는 자신을 대변하는 아바타를 통해 서사에 참여해 다른 학습자들과 표정, 몸짓, 채팅 대화 등 새로운 방식으로 상호 작용

16　김진숙, 2016; 주형미 외, 2016; OECD, 2018
17　계보경, 2023

한다.[18] 이때 같은 공간에 있는 학습자들은 사회적, 감정적으로 연결되어 공동의 목표를 해결하면서 정서적 친밀감과 유대감을 느낀다. 이러한 사회적 실재감은 기존의 일방향적인 온라인 수업 등에서 느껴졌던 심리적 거리감을 해소하고 학습자의 몰입을 촉진한다.[19]

둘째, 메타버스는 자유도와 창작성을 바탕으로 학습자 주도성을 높인다. 메타버스에서 학습자는 자신이 원하는 공간으로 능동적으로 이동할 수 있고 동료 아바타, NPC, 공간, 객체 등 모든 대상과 상호 작용하면서 자유롭게 자신의 생각을 표현할 수 있다. 그리고 메타버스라는 공간에서 다른 사용자들과 소통하고 협력하면서 타인에게 미치는 영향을 고려해 자신의 행동을 주체적으로 결정할 수 있다.[20] 메타버스에서 학습자는 공동체의 구성원으로서 학습의 주체가 되어 학습의 내용과 방법을 스스로 결정할 수 있는 권한을 부여받는다. 예를 들어 주어진 시간에 일정한 물리적 공간에 모여서 학습하는 것과 비교해 더 다양한 세계관을 활용할 수 있다. 시간적으로 과거로 돌아갈 수도 있고 미래로 나아갈 수도 있으며, 공간적으로 해저나 우주와 같이 인간의 역량이 도달하지 못한 공간을 체험할 수도 있다. 기존 교실에서는 수행하기 힘들었던 다양한 실험, 실습, 프로젝트 등을 수행하는 것이다.

셋째, 메타버스는 교실 공간이 가지는 한계를 극복해 학습 경험을 확장할 수 있게 해준다. 메타버스에서 학습자는 어디든지 갈 수

---

18 계보경 외, 2021
19 강민수 외, 2022; 문준성, 김성백, 2022
20 박상준, 2022

있고 무엇이든지 할 수 있다. 현실의 학습공간이 학교로 제한되었다면 메타버스의 학습공간은 무궁무진하다. 현실에서는 고비용, 고위험, 실현 불가능 등의 문제로 접하기 어려운 과제나 실험을 메타버스에는 안전하고 효율적으로 수행할 수 있다. 그리고 원격으로 연결되어 시간과 거리에 구애받지 않고 다른 사용자를 만날 수 있고, 학교 밖 지역사회의 자원과 연결될 수 있다. 특히 현실세계와 가상세계의 경계가 모호해지고 긴밀히 연결됨으로써 새로운 유형의 학습경험이 등장할 것으로 예상된다.

기술적·교육적 어포던스affordance[21] 결합 수준이 높아짐에 따라 메타버스는 현실의 확장공간으로써 학습자에게 미래 교육에서 요구하는 다양한 학습 경험을 제공하고 미래 핵심역량을 개발하는 배움의 터가 될 것으로 기대된다.

메타버스의 교육적 활용사례

메타버스 기반 학습은 가상공간에서 교육과 훈련을 제공하는 혁신적인 방법이다. 이러한 방식은 학습자들이 다음의 사례에서처럼 더 협력적이고 몰입감 있는 환경에서 학습 경험을 쌓을 수 있게 해준다.

21 행동유도성이라는 용어로 번역할 수 있으며, 사용자로 하여금 어떤 행동을 유도한다는 개념. 가상현실 경험에서 어포던스는 가상현실 콘텐츠 및 구현 환경을 체험하면서 발생하는 모든 상황을 의미하며, 상호 작용을 통해 사용자가 무엇을 해야 하는지에 대한 정보를 제공하는 역할을 한다.

○ **가상현실 기반 교육**: 학생들은 가상현실 환경에서 상호 작용하며 새로운 지식과 기술을 습득할 수 있다. 예를 들어, 생물학 수업에서 학생들은 가상현실 기기를 사용해 세포 구조를 탐험할 수 있다.

○ **온라인 가상 캠퍼스**: 대학이나 교육기관이 메타버스 내에 가상 캠퍼스를 구축해, 학생들이 원격으로도 강의를 듣고 실습을 진행하며, 다른 학생들과 협력할 수 있는 환경을 제공한다.

○ **기업 훈련 및 시뮬레이션**: 기업은 메타버스를 활용해 직원들에게 안전 교육, 리더십 개발, 팀워크 훈련 등 다양한 교육 프로그램을 제공할 수 있다. 예를 들어, 화재 대피 훈련을 메타버스에서 시뮬레이션함으로써 직원들이 안전하게 경험을 쌓을 수 있다.

○ **언어 학습**: 메타버스에서 구성된 다국어 커뮤니티를 통해 학습자들은 실시간으로 다른 사용자들과 소통하며 외국어를 연습할 수 있다. 이는 언어 교육의 효과를 높이고, 글로벌 커뮤니케이션 능력을 향상시킨다.

○ **역사 및 문화 체험**: 메타버스를 사용해 과거의 역사적 사건이나 문화를 재현할 수 있다. 학생들은 이러한 가상 환경에서 직접 경험하며 역사와 문화에 대한 이해를 높일 수 있다.

코로나 감염병 시기에 학습 실재감 강화와 소통, 사회정서 지원을 위한 목적으로 메타버스를 교육에 활용하는 사례가 빠르게 확산되었다. 그러나 당시 메타버스의 교육적 활용을 위한 국내 에듀테크 환경은 충분히 준비되어 있지 못해서 게더타운Gather town, 로블록스 등 글로벌 상용 플랫폼을 활용해 왔다. 다행히도 메타버스의 교육적 활용에 관한 연구와 기대수요가 증가해 최근에는 교육적으로 활용할 수 있는 다양한 사례가 만들어지고 있다.

교육 분야에서 메타버스가 활용되고 있는 몇 가지 사례를 살펴보자. 이러한 사례는 몰입형, 대화형, 협업형 학습 환경을 조성해 교육을 개선하는 메타버스의 잠재력을 보여준다.

구분	설명
마인크래프트 교육용 에디션	샌드박스의 인기 게임인 마인크래프트에는 교사가 학생을 위한 몰입형 게임 기반 학습 경험을 만들 수 있는 교육용 에디션이 있다. 이 플랫폼은 역사, 수학, 과학과 같은 과목에서 학생들이 참여할 수 있는 다양한 수업 계획, 가상 현장 학습, 협업 구축 프로젝트를 제공한다.
로블록스 에듀케이션	인기 온라인 게임 플랫폼인 로블록스에서 제공하는 게임 개발 도구 '로블록스 스튜디오Roblox Studio'를 몰입형 교육에 이용할 수 있다. 교사와 학생 모두 코딩, 게임 디자인부터 물리학, 스토리텔링에 이르기까지 다양한 주제를 다루는 대화형 몰입형 학습 경험을 만들고 참여할 수 있다.
인게이지Engage	교육자가 가상 교실, 콘퍼런스, 워크숍을 만들고 주최할 수 있는 가상현실 기반 교육 및 훈련 플랫폼이다. 사용자는 가상 수업에 참여하면서 3D 모델, 시뮬레이션 및 멀티미디어 콘텐츠와 상호 작용할 수 있어 더욱 몰입감 있고 매력적인 학습 환경을 조성할 수 있다.
알트스페이스VR AltspaceVR	사용자가 가상현실에서 이벤트, 회의, 수업을 만들고 참석할 수 있는 소셜 가상현실 플랫폼이다. 이 플랫폼은 다양한 주제와 관련된 가상 콘퍼런스, 패널 토론, 워크숍을 주최하는 등 교육 목적으로 사용할 수 있다.

구분	설명
클래스크래프트 ClassCraft	교실 활동을 매력적인·롤플레잉 게임으로 전환해 학습 경험을 게임화하는 교육 플랫폼. 학생들은 함께 작업하고, 보상을 받고, 새로운 콘텐츠를 잠금 해제하면서 협업, 비판적 사고, 문제 해결 능력을 키울 수 있다.
젭ZEP	게더타운과 유사한 웹 기반의 2D 방식 메타버스 서비스로 웨일스페이스 계정을 통해 사용할 수 있는 젭 에듀ZEP Edu는 초중고 학생이 활용할 수 있기 때문에 범용성이 높다. 국내에 도입되었다.
VR웨어VRWARE	VR웨어 에듀스쿨Edu School은 누구나 가상현실을 만들고 체험할 수 있는 학습 도구다. 지형 만들기 도구와 다양한 국내외 랜드마크로 독창적인 가상현실 콘텐츠 제작과 OX 퀴즈, 360° 가상현실 동영상, 구글 스트리트뷰, 전광판, 포탈 등 학습용 이벤트를 활용한 교육 영역 연계 맵을 제작할 수 있다. 국내 업체가 개발했으며, 해외에도 소개하고 있다.
디토랜드DITOLAND	국내에서 개발된 UGCuser generated contents: 사용자 제작 콘텐츠 메타버스 플랫폼이다. 이용자가 직접 콘텐츠를 만들고 다른 이용자가 플레이할 수 있도록 웹 플랫폼에 노출시킬 수도 있다. 또한 이용자에게 제공되는 스튜디오를 이용해 자신만의 세계를 만들 수도 있다.
위캔버스WECANVERS	교육 교과 과정을 연계한 체험형 학습 콘텐츠를 비롯해 학급 운영에 필요한 학습관리시스템의 모든 기능을 통합적으로 제공하는 국내 최초 3D 기반 교육용 메타버스 플랫폼이다.
원더버스Wonderverse	진로 체험, 디지털 시민교육, 프로젝트 기반 학습을 지원하는 메타버스로, 교육 과정과 연계한 수업 설계를 지원하고 게이미피케이션gamification[22]을 통해 재미있게 몰입형 학습에 참여할 수 있는 3D 기반 교육용 메타버스 플랫폼이다. NHN이 개발해 국내에 서비스하고 있다.

22 게임 요소를 교육에 적용하여 학습자들이 흥미를 가지고 학습에 적극적, 자발적으로 참여하도록 하는 전략.

유니티Unity는 디지털 휴먼 3D 모델링 및 재구성 기술을 활용해 인간의 움직임을 복제해 사실감을 극대화하고, 엔비디아NVIDIA는 인공지능 스타트업과 함께 초거대 인공지능 기술을 NPC에 적용하고 있다.[23]

이렇게 메타버스가 반복된 성장과 쇠퇴의 과정을 통해 지속 발전함에 따라 더 많은 교육용 애플리케이션이 개발되어 교육 콘텐츠를 학습하고 참여하는 방식을 변화시킬 것이다.

메타버스 교육의 한계

메타버스에 대한 긍정적 기대에도 불구하고 학교 현장에서 메타버스를 활용하는 데는 여전히 많은 어려움이 있다.

○ **기술 접근성**: 메타버스를 사용하기 위해서는 충분한 인터넷 속도와 고성능의 기기가 필요하다. 이는 일부 학생들이 기술적인 제약으로 인해 메타버스 교육에 완전히 참여하지 못하게 되는 디지털 격차를 초래할 수 있다.

○ **사용자 경험 및 적응**: 메타버스는 새로운 사용자 인터페이스와 상호 작용 방식을 도입하고 있다. 이로 인해 일부 사용자들은 적응에 어려움을 겪을 수 있으며, 교육의 본래 목표에 집

---

23 Andrew Burnes(2023). Introducing NVIDIA ACE for Games-Spark Life Into Virtual Characters with Generative AI

중하는 데 방해가 될 수 있다.

○ **사회적 상호 작용의 부족**: 메타버스 환경에서의 대면 상호 작용은 실제 세계의 대면 상호 작용과 동일한 수준의 사회적 연결감을 제공하지 못할 수 있다. 이로 인해 학생들의 사회적 기술 발달에 영향을 미칠 수 있다.

○ **보안 및 개인정보 문제**: 메타버스에서의 교육 활동은 학생들의 개인정보와 데이터가 노출될 위험을 높인다. 이러한 보안 문제와 개인정보 침해로 인해 학생들의 프라이버시가 침해될 수 있다.

○ **교육 콘텐츠 품질**: 메타버스에서 제공되는 교육 콘텐츠의 품질이 일정하지 않을 수 있으며, 교육자들이 이를 평가하고 관리하는 데 어려움이 있을 수 있다.

이러한 한계를 극복하기 위해서는 교육기관, 정부, 기술 기업 간의 협력이 중요하다. 메타버스 교육에 대한 접근성을 개선하고, 사용자 경험을 향상하며, 보안 및 개인정보 보호 문제를 해결하고, 교육 콘텐츠의 품질을 보장하기 위해 노력해야 한다.

학교에서 활용되는 상용 플랫폼은 교육용으로 개발되지 않은 경우가 많아 교사와 학생을 도와 다양한 교육적 기능을 제공하는 데 한계가 있고, 학습 환경의 모호함은 교사가 학습자 중심의 수업을 설계하고 실행하는 데 많은 혼란을 줄 수 있다.

메타버스 에듀테크 서비스 공급자는 학교 교육 활동을 고려해 학습 환경을 설계해야 하며, 수요자인 학교와 교사는 학습 환경의 특성을 효과적으로 적용해 교수학습을 실행할 필요가 있다. 기술과 교육의 맥락이 결합할 때 미래 교육에서 요구하는 다양한 교육 활동을 충족시킬 수 있을 것이다.

다행히 마인크래프트도 마인크래프트 에듀를 통해 STEAM, 프로젝트 학습 등 교육적 목적에 특화된 학습 환경을 제공하고, 클래스크래프트도 가상현실 키트와 함께 수업설계안과 워크북을 포함해 유통하고 있다. 국내에도 VR웨어, 디토랜드, 위캔버스, 원더버스 등의 교육 시장을 대상으로 한 서비스들이 출시되고 있다.

메타버스 교육의 미래

메타버스는 미래 교육을 실현하는 확장공간으로서 우리가 교육 콘텐츠를 학습하고 상호 작용하는 방식을 혁신할 가능성을 충분히 가지고 있다. 메타버스는 몰입도 높은 인터랙티브 학습 경험을 가능하게 해, 학생들이 더욱 적극적이고 역동적으로 콘텐츠에 참여할 수 있고 가상 환경에서 탐색하고 실험하고 협업할 수 있다.

인공지능 및 머신러닝과 결합한 메타버스는 각 학생의 개별적인 필요, 강점 및 관심사에 맞는 개인화된 학습 환경을 만드는 데 도움이 될 수 있으며, 메타버스를 통해 학생과 교육자는 전 세계의 교육 리소스에 접근하고 전 세계의 동료 및 전문가와 협업과 소통을 할 수 있다.

이를 통해 학습 기회를 확대하고 문화 간 이해를 증진하며 글로벌 지식을 더 빨리, 더 효율적으로 공유할 수 있고 미래 취업 시장에서 요구하는 능력을 개발하는 데 도움이 될 것이다.

메타버스는 기술이 발전함에 따라 더 정교해지고 실재감과 몰입감이 높아질 것이다. 그에 따른 교육의 효과도 더 확대될 것으로 기대된다. 다만 앞서 언급했던 중요한 문제점, 디지털 격차 해소, 개인정보 보호 및 보안 보장, 교육 콘텐츠의 품질 유지 등을 극복하지 않는다면 이를 교육에 적용하기는 쉽지 않을 것이다. 교육자, 정책 입안자, 기술 기업 등 교육 분야의 이해관계자들은 메타버스의 잠재력을 교육적으로 최대한 활용하기 위해서는 적극적인 협력이 필요하다. 메타버스가 교육적으로 활용될 수 있는 시점까지 기다리는 것이 아니라 상호 협력을 기반으로 공동 디자인에 참여해 기술의 교육적 활용 가능성을 높여야 한다. 미국의 ISTE에서는 메타버스의 교육적 활용 가능성을 적극적으로 탐색하고 실험하기 위한 사례연구를 추진하고 있다.

3.
학위의 새로운 트렌드,
마이크로 크리덴셜

교육과 산업 현장의 괴리는 어제오늘의 문제가 아니다. 대학을 마치고 사회에 나와도 일터에서 바로 적용할 수 있는 지식이 없기에 하나부터 열까지 다시 가르쳐야 한다는 불만의 목소리는 점차 높아지고 있다. 더군다나 기술의 발달이 점점 더 빨라지는 요즘, 기존의 교육 시스템인 전통적인 학위나 자격증만으로는 급변하는 산업 현장에서 필요한 다양한 전문 지식과 기술을 충분히 습득하기가 더 어려워지고 있다.

특히 챗GPT와 같은 인공지능의 시대가 도래하면서 개인이 평생학습을 지속하며 다양한 역량을 효과적으로 개발하고 인증할 방법이 필요해졌고, 더 짧은 기간에 특정 역량을 습득하고 인증할 수 있는 대안이 절실해졌다. 이로 인해 등장한 것이 바로 마이크로 크리덴셜micro-credential이다.

마이크로 크리덴셜은 전통적인 학위나 자격증보다 작은 규모의 학습 성과를 인증하는 비공식적인 인증서를 말하며 일반적으로 특정 기술, 능력, 지식 또는 역량을 갖추었음을 증명하는 데 사용된다.

마이크로 크리덴셜을 통해 학습자들은 자신의 역량을 빠르게 강화하고 다양한 기회를 얻을 수 있으며, 기업은 전문성을 갖춘 인력을 더 효과적으로 찾을 수 있게 되었다. 정부와 사회는 더 평등한 교육 기회를 제공하고, 교육 및 취업 시장의 건강한 발전을 촉진할 수 있는 정책과 제도를 구축하는 데 도움을 얻을 수 있다.

향후 마이크로 크리덴셜은 교육과 취업 시장에서 더욱 중요한 요소로 자리 잡을 것으로 예상되며, 전통적인 교육 및 취업 시장의 패러다임을 변화시킬 것이다.

마이크로 크리덴셜의 혁신성

마이크로 크리덴셜은 교육 및 취업 시장에서 여러 가지 혁신적인 변화를 이미 가져왔다.

전통적인 학위 프로그램에서는 학생들이 정해진 과목을 이수해야 했지만, 마이크로 크리덴셜은 개인의 흥미와 필요에 따라 선택할 수 있는 개별화된 학습 경로를 제공한다. 이를 통해 학습자들은 자신이 필요로 하는 지식과 기술을 효율적으로 습득할 수 있다.

마이크로 크리덴셜은 짧은 기간에 특정 기술이나 지식을 습득할 수 있어, 학습을 더 적극적으로 지속할 수 있게 도와준다. 업데이트된 콘텐츠를 쉽게 접할 수 있어, 기술의 발전에 따라 뒤처지지 않게 배움을 갱신할 수 있다. 전통적인 교육기관들도 마이크로 크리덴셜의 혁신성을 인지하고, 이를 도입해 학습자들에게 다양한 교육 경로를 제공하고 있다. 이제 교육기관들은 단순히 전통적인 학위 프로그램을 제공하는 곳에서, 평생학습을 지원하는 교육 파트너로 역할을 확장하고 있다. 현재 많은 대학이 기존 개발된 우수한 교육 과정들을 마이크로 크리덴셜 형식의 교육 프로그램으로 재구조화하고 있다.[24]

온라인 교육 플랫폼에서 제공되는 마이크로 크리덴셜은 시간과 장소에 제한받지 않고, 언제 어디서든 학습할 수 있다. 또한 전통적인 학위 프로그램에 비해 저렴한 비용으로 이용할 수 있어, 교육의 경제적 부담을 줄일 수 있다. 이는 교육의 접근성을 높여 더 많은 사람들이 기술 습득의 기회를 얻을 수 있다.

마이크로 크리덴셜은 전통적인 학위나 자격증의 인증 시스템에 변화를 가져오고 있다. 블록체인 기술과 같은 신기술을 통해, 마이크로 크리덴셜의 가치를 투명하고 신뢰할 수 있는 방식으로 인정하고 전달할 수 있게 되었다.

기업들은 마이크로 크리덴셜을 인정하며 인재 채용 시 전통적인 학위나 경력보다는 특정 역량과 지식을 갖춘 인재를 선호하는 추세다. IBM은 종사자의 역량개발을 혁신하기 위해 2015년부터 마이

---

24 Nicholson 2021

크로 크리덴셜을 기반으로 역량을 인증하는 30개 분야 2,612종의 디지털 배지를 2020년까지 300만 개 발행했고 이를 통해 학습자 참여율 120%, 수료율 226% 향상의 성과를 보였다[25].

이는 취업 시장에서의 경쟁 기준도 개인의 능력과 역량 중심으로 변화를 맞이하게 될 것임을 시사한다. 전통적인 학위나 성적표와 같은 정형적 평가 척도뿐만 아니라, 마이크로 크리덴셜을 기반으로 다양한 곳에서 습득한 구체적인 역량과 지식을 평가할 수 있게 되었다.

지금까지 교육 기능과 자격인증 기능은 대학이 독점하고 있었다. 이로 인해 낡은 학벌 시스템에 갇혀 획일적인 인재 육성 시스템에서 배출된 인력을 고용할 수밖에 없는 악순환이 되풀이되었다. 하지만 기술의 발전을 통해 탄생한 마이크로 크리덴셜이 낡은 시스템에서 벗어날 수 있게 해줄 것이며, 교육업계와 산업계를 묶어 대학 교육의 혁신을 불러오고 있다. 즉 우수한 지식을 기업으로 공급할 수 있는 혁신의 연결고리가 되어줄 것이다.

마이크로 크리덴셜의 특징과 종류

산업 구조의 변화, 기술혁신의 빠른 속도로 더는 대학에서 습득한 지식과 기술이 지속적으로 유효하지 않게 되었다. 사회와 기술의 빠른 변화에 대응하기 위해서는 이를 위한 교육과 훈련이 필요하다

---

25 David Leaser. 2019

는 인식하에 나온 것인 마이크로 크리덴셜이다.

전통적인 학위 교육은 학문 분야에 대한 포괄적인 이해와 심도 있는 지식을 목표로 하지만, 마이크로 크리덴셜은 특정 기술이나 능력에 초점을 맞추는 것이 특징이다. 이는 교육의 형태와 목표에서 가장 명확한 차이를 보여준다.

대학의 학위 과정은 광범위한 학문 영역을 다루는 것이 일반적이다. 예를 들어, 사업 관리 학위를 취득하기 위해서는 경영, 마케팅, 회계, 경제학 등 다양한 과목을 학습해야 한다. 이와는 대조적으로 마이크로 크리덴셜은 특정한 주제나 기술에 집중하며, 특정 역량을 향상시키는 데 목적이 있다. 데이터 분석, 프로그래밍 언어, 디지털 마케팅 등의 특정 기술을 배울 수 있는 것이 대표적인 사례다.

대학의 학위 과정은 일반적으로 정해진 학기 시스템을 따르며, 특정 시간에 수업을 듣는 등 일정한 구조와 일정이 있다. 이와 달리, 마이크로 크리덴셜은 주로 온라인 플랫폼에서 제공되어, 학습자가 자신의 일정에 맞춰 학습을 진행할 수 있는 유연성을 제공한다. 이러한 유연성은 현대 사회에서 점점 더 중요한 가치가 되고 있다.

대학 학위를 취득하는 데는 종종 큰 금전적 투자가 필요하다. 하지만 마이크로 크리덴셜은 대체로 비용 효율적이다. 따라서 비용 문제로 인해 교육을 받는 것이 어려운 사람들에게 마이크로 크리덴셜은 좋은 선택이 될 수 있다.

또한 빠르게 변화하는 기술과 산업에 대응하기 위해, 기업들은 특정 기술이나 능력을 갖춘 인력을 필요로 하는 경우가 많다. 이런 상황에서 마이크로 크리덴셜은 특정 분야의 전문 지식을 입증하는 데 효과적인 방법이 될 수 있다.

그러나 이것이 대학 학위와 마이크로 크리덴셜이 서로 대체재라는 의미는 아니다. 두 가지를 서로 배타적이지 않고 병행하면서 교육의 다양성을 누릴 수도 있다. 전통적인 학위 교육의 폭넓은 지식과 깊이, 그리고 마이크로 크리덴셜의 특화된 기술과 유연성을 결합해서 평생학습과 지속적인 전문성 향상을 추구할 수 있다.

이러한 특징을 가진 마이크로 크리덴셜은 여러 형태와 종류로 나타나고 있다. 마이크로 크리덴셜, 디지털 배지, 마이크로 마스터micro master, 미니 디그리mini degree, 나노 디그리nano degree 등이 여기에 속한다.

마이크로 크리덴셜은 개인의 학습 목표와 필요에 맞춰 선택할 수 있다. 앞으로도 지속적으로 변화하는 산업과 기술에 맞춰 새로운 종류의 마이크로 크리덴셜이 등장할 것으로 예상되며, 교육 및 취업 시장에서 더욱 중요한 역할을 하게 될 것이다.

마이크로 크리덴셜 사례

마이크로 크리덴셜은 기업 종사자들의 역량 개발에 주로 활용되며, 평생교육으로 확대되고 있다. 초중등 시장은 교사 연수나 실업계 고등학교에 먼저 적용되고 있으며, 디지털 배지와 결합해 학습 동기를 증진하고 다양한 역량을 개발하는 데 중점을 두고 있다. 대표적인 사례[26] 몇 가지를 살펴보자

구분	설명
코세라	스탠퍼드대를 비롯해 예일대, 베이징대, 연세대 등 전 세계적으로 유명한 대학들과 협력해 다양한 온라인 코스를 제공하는 에듀테크 플랫폼. 전문 자격증 프로그램, 스페셜라이제이션^{Specialization}, 마스터 트랙^{MasterTrack}, 프로페셔널 서티피케이트$^{Professional\ Certificate}$ 등 다양한 마이크로 크리덴셜을 제공하며, 학습자들이 전문 지식과 기술을 습득할 수 있다.
에덱스	MIT와 하버드대가 설립한 온라인 교육 플랫폼으로, 전 세계적으로 유명한 대학들과 협력해 다양한 온라인 코스를 제공한다. X시리즈^{XSeries}, 마이크로 배츨러^{MicroBachelors}, 마이크로 마스터^{MicroMasters}, 프로페셔널 서티피케이트$^{Professional\ Certificate}$, 프로페셔널 에듀케이션$^{Professional\ Education}$ 등 다양한 마이크로 크리덴셜을 제공한다.
유다시티	기술 분야에 초점을 맞춘 에듀테크 플랫폼으로, 나노 디그리 프로그램을 통해 프로그래밍, 데이터과학, 인공지능 등 전문 지식과 기술을 습득할 수 있다. 현장에서 바로 활용 가능한 기술을 중심으로 교육을 제공하며, 구글, 마이크로소프트, 아마존 등 글로벌 기업들과 협력해 취업 기회를 지원하기도 한다.
유데미^{Udemy}	전문가들이 다양한 주제에 관한 온라인 코스를 제작하고 판매하는 에듀테크 플랫폼이다. 수강생들은 각 코스를 이수하고 나면 인증서를 받을 수 있으며, 이를 통해 개인의 전문성을 인증할 수 있다.
링크드인 러닝 LinkedIn Learning	전문가들이 제공하는 다양한 온라인 코스를 수강할 수 있는 플랫폼으로, 코스를 이수한 후 디지털 배지를 획득할 수 있다. 획득한 배지는 링크드인 프로필에 쉽게 추가할 수 있어, 개인의 전문성을 보여주는 데 도움이 된다.

26 Massive list of MOOC-based Microcredntials(ClassCentral). 2022

코드카데미 Codecademy	프로그래밍 언어와 웹 개발, 데이터과학 등 IT 관련 기술을 배우기 위한 온라인 교육 플랫폼이다. 이수한 강좌에 대한 인증서를 받을 수 있으며, 이를 통해 전문성을 입증할 수 있다.
퓨처런 FutureLearn	영국의 온라인 교육 플랫폼으로, 세계적인 대학들과 협력해 다양한 강좌를 제공한다. 학습자들은 엑스퍼트 트랙 ExpertTrack, 마이크로 크리덴셜 등을 획득할 수 있으며, 학위 프로그램의 일부로 인정되는 경우도 있다.
칸 아카데미 Khan Academy	비영리 온라인 교육기관으로, 수학, 과학, 컴퓨터 프로그래밍 등 다양한 분야의 무료 강좌를 제공한다. 이러한 강좌를 이수하면 자신의 역량을 입증하는 디지털 배지를 받을 수 있다.

여기 소개한 대표적 플랫폼 외에도 각종 기업, 교육기관, 전문 단체 등에서 마이크로 크리덴셜을 제공하는 다양한 에듀테크 서비스들이 존재한다. 이러한 서비스를 통해 개인은 자신의 역량과 전문성을 입증하고 더욱 확장할 수 있으며, 평생학습을 추구하는 현대 사회에서 유용한 평생교육 기반이 될 것이다.

마이크로 크리덴셜 동향

전문 기술과 지식이 중요시되는 취업 시장에서, 마이크로 크리덴셜에 대한 수요는 계속해서 증가할 것으로 예상된다. 이에 따라, 교육기관과 기업들이 더 많은 마이크로 크리덴셜 프로그램을 개발하고 제공할 것이다. 마이크로 크리덴셜 데이터 베이스 서비스인 클래스센트럴CalssCentral에 의하면 현재 세계적으로 2,800여 개의 마이크로 크리덴셜이 공유되고 있다.[27]

특히 인공지능과 머신러닝 기술이 마이크로 크리덴셜 교육에 통합되어 학습자들에게 개인화된 학습 경험을 제공하고 학습 효과를 극대화할 것으로 기대된다. 또한 국가 간 교육 협력이 강화되면서, 국제적으로 인정되는 마이크로 크리덴셜 시스템이 구축될 가능성 또한 높아질 것으로 예상된다. 그 결과 국가 간의 인재 교류가 활성화되고, 글로벌 취업 시장 경쟁이 치열해질 것이다.

기술 혁신의 속도가 빨라지고 이와 함께 산업구조가 변화되며 기존 지식의 생명주기가 급감하게 되는 미래에는 마이크로 크리덴셜이 더 활성화되고 강화될 수밖에 없다. 따라서 정부 및 관련 단체들은 마이크로 크리덴셜의 중요성을 인지하고, 이를 적극적으로 지원하는 정책을 시행해야 한다. 이를 통해 교육 및 취업 시장의 변화에 대응할 수 있기 때문이다.

이러한 추세와 변화는 마이크로 크리덴셜이 교육 및 취업 시장에서 더욱 중요한 역할을 차지하는 미래를 쉽게 예상하도록 해준다. 앞으로도 지속적인 혁신과 발전을 통해, 마이크로 크리덴셜은 개인의 역량 개발과 평생학습 촉진, 교육 접근성 향상 등 다양한 분야에서 긍정적인 영향을 미칠 것이다.

또한 마이크로 크리덴셜은 기존 교육 체계에 적응할 수 없거나,

---

27 클래스센트럴 classcentral.com

교육 기회가 제한된 사람들에게도 새로운 기회를 제공한다. 이는 더 평등한 교육 기회를 창출하고, 사회적 계층 간의 교육 격차를 줄이는 데 기여할 것이다.

결론적으로, 마이크로 크리덴셜의 혁신성은 교육 및 취업 시장의 기존 구조와 패러다임을 바꾸는 도구가 되며, 이를 통해 더 많은 사람이 교육과 취업 기회를 누리게 될 것이다.

4.
더 효율적 배움을 위한 연구,
학습과학

학습의 발전은 각 분야 학문 그 자체의 발전도 중요하지만, 그와는 별개로 학습 자체를 연구하는 것도 중요하다. 어떻게 해야 교육효과가 더 뛰어날까 고민하는 것이 학교와 교사의 전문성이고, 이런고민을 하나의 학문으로 탄생한 것이 학습과학learning science이다.

학습과학은 학습이 어떻게 일어나며, 효과적인 학습을 위해서는 무엇을 해야 하는지 연구하는 학문이다. 학습과학은 교육의 효과를 향상시키는 데 중요한 도구로, 학습자가 복잡하고 빠르게 변화하는 세상에서 생활하고 학습하고 일하고 사회에 기여하는 데 필요한지식과 기술을 배우고 적용하는 데 도움이 된다.

학습과학은 심리학, 교육학, 인지과학, 신경과학, 컴퓨터과학 등다양한 학문 분야의 이론과 방법론을 통합해 학습 과정, 학습 환경,

학습 기술, 학습자의 인지와 행동을 연구하는 학문으로, 국제학습과학협회International Society of the Learning Sciences, ISLS에서는 이 분야를 '인간의 학습 이해에 기여하는 모든 분야에서의 연구를 촉진하는 다학제적인 학문 분야'라고 정의한다.

이 분야의 세계적 전문가인 하워드 존스Howard Jones 교수는 학습의 과학적 이해가 중요한 이유로 다음의 네 가지를 들고 있다.

첫째, 학습의 과학적 이해를 통해 학습이 어떻게 이뤄지고 어떻게 수업해야 하는지에 관한 통찰력을 제공한다. 학습자들은 자신의 학습 과정에 대한 이해를 높이고 목표를 설정할 수 있으며 이를 통해 학습 동기를 유지하고 학습에 대한 긍정적인 태도를 갖출 수 있다.

둘째, 교사 양성·연구 과정에 학습과학을 포함시킴으로써 아동의 뇌를 변화시키는 교사의 고유한 책임과 역할을 다할 수 있도록 도울 수 있다.

셋째, 뇌과학에 대한 속설에서 벗어날 수 있게 해준다. 뇌가 어떻게 학습하는가에 대한 오해는 비효과적인 교실 수업으로 이어질 수 있다.

넷째, 학습의 과학적 이해는 기술의 효율적인 활용을 가능하게 한다. 학습과학을 통해 온라인 학습, 인공지능 등의 기술이 학습 과정에 효과적으로 통합되어 기존 교육방식을 혁신할 수 있다.

학습과학에서 뇌가 어떻게 학습하고 변하는지를 설명해주는 것은 스스로 머리가 나쁘기 때문에 공부를 못한다고 생각하는 학생들에게 더 의미가 크고 중요하다고 말한다. 대부분의 학생은 물론 부모들조차도 사람의 지능은 태어날 때 정해지기 때문에 노력을 해

116

도 변하지 않는다는 고정 관념을 갖고 있다. 그러나 뇌가 학습하는 방법에 따라, 또 어떻게 접근하느냐에 따라 언제든지 변할 수 있다는 것을 깨닫고 나면 뇌는 변하지 않는다는 편견에서 벗어나는 것은 물론 자신도 노력하면 머리가 좋아질 수 있다는 성장형 마음가짐으로 바뀔 수 있다.[28]

학습과학의 탄생

학습과학은 다양한 학문 분야에서 비롯된 여러 이론이 기반을 이룬다. 이 이론들을 종합해 학습 과정과 교육 환경을 이해하고 개선하려는 것이 학습과학의 목표다.

예를 들면 학습을 관찰 가능한 행동의 변화로 이해하는 행동주의 이론, 학습자의 인지구조와 지식표상에 초점을 맞추는 인지주의 이론, 학습자가 주변 환경과 상호 작용하며 지식을 구축한다는 관점을 제시하는 구성주의 이론, 사회적 문화적 맥락에서 학습이 발생한다고 주장하는 사회문화적 이론, 학습자의 동기와 메타인지적 전략을 중요한 요소로 간주하는 자기조절학습 이론 등이 여기에 해당한다.

최근 뇌과학 연구의 발전과 인지과학 연구의 활발한 협력은 '뇌 기반 학습과학brain-based learning science', '교육신경과학educational neuroscience' 또는 '신경교육학neuro-education'이라고 불리는 새로운 연

<hr>

28 이찬승, 2022

구 분야를 탄생시켰다. 그중에서도 신경교육학은 뇌의 작동 원리를 이해하고 이를 교육에 적용하고자 하며 그 결과 학생들의 학습 효과를 높이고 교육 방법을 개선하는 목표를 갖고 있다.

교육 신경과학 분야에서는 다양한 기술이 활용되는데, 대표적인 기술은 다음과 같다.

○ **뇌 영상 기술**: 기존의 교육 과정에서는 학생들이 어떻게 학습하는지를 알기 위해 학생들과 직접 상호 작용을 통해 평가해왔다. 하지만 최근 수십 년간 뇌 영상 기술의 발전이 빠르게 진행되고 있다. 기능적 자기공명영상functional magnetic resonance imaging, fMRI, 뇌양전자단층영상positron emission tomography, PET, 뇌파electro encephalography, EEG, 뇌자도magnetic encephalography, MEG 등의 기술은 점차 발전해 뇌의 구조와 활동을 더욱 정밀하게 관찰하게 해주었다. 이러한 기술의 발전을 통해 학생들의 뇌파나 MRI 등의 뇌 영상을 분석해 학생들이 어떻게 학습하는지를 측정하고 분석한다.

○ **인지 및 발달 심리학 연구**: 교육신경과학 분야에서는 인지 및 발달 심리학의 이론과 연구 결과를 적용해 학습 과정에서의 인지과학적 측면을 분석한다.

○ **가상현실 및 증강현실**: 가상현실과 증강현실 기술의 발전은 교육신경과학에서 새로운 학습 환경과 교육 방식을 탐구하는 데 중요한 역할을 한다. 이러한 기술은 학습자가 실제와 유사한 환경에서 학습을 경험할 수 있게 해주며, 이를 통해 더

118

효과적인 학습을 지원할 수 있다.

○ **데이터과학과 인공지능**: 데이터과학과 인공지능의 발전은 교육 신경과학에서 학습자의 행동 및 성취 데이터를 분석하고 예측하는 데 큰 도움을 준다. 또 인공지능 기반의 적응형 학습 시스템 개발을 통해 개인화된 교육 경험을 제공하고 학습 효과를 높이는 데 기여하고 있다.

이러한 학습과학 이론과 기술들은 교육 과정에서 학생들의 학습 경험을 개선할 뿐만 아니라, 교육자들이 학습자들의 학습 성과를 평가하고 개선하는 데도 활용된다.

학습과학이 교육을 어떻게 바꾸는가

점점 더 발달하는 기술이 학습과학 분야에서 성과를 내고 있다. 우리가 어떻게 생각하고, 배우고, 기억하고, 뇌가 어떻게 작동하는지에 관한 비밀이 밝혀지면서, 학습과학은 교육 분야에서 여러 가지 방식으로 유용하게 활용되며, 그 범위를 점차 넓혀가고 있다

○ **학습 방법 개선**: 어떤 학습 방법이 더 효과적인지 알려줄 수 있다. 뇌파 기술을 이용해 학생들의 기억력을 분석하면, 어떤 학생이 어떤 정보를 잘 기억하는지, 어떤 학생의 기억력이 부족한지 등을 알 수 있다.

○ **학생의 집중력 향상**: 학생들이 특정 자극에 집중하는 데 도움이 되는 방법을 제시할 수 있다. 예를 들어, 뇌파 기술을 이용해 학생들의 뇌 활동을 측정하고 분석하면, 어떤 학생이 어떤 시간대에 집중력이 높거나 낮은지 등을 알 수 있다. 이를 토대로 학습 시간 및 방법을 조정할 수 있다.

○ **심리적 문제 해결**: 학습에 영향을 미치는 요인이 심리 상태에도 영향을 미친다는 것을 보여준다. 이러한 이해는 학생의 행동을 이해하고 행동의 변화를 지원하는 데 도움이 될 수 있다.

○ **특수교육**: 학습 장애와 같은 신경학적 문제가 있는 학생의 교육을 개선하는 데 도움이 될 수 있다. 신경과학 연구에 기반한 특수교육을 제공하면 이러한 학생의 학습 능력을 향상시킬 수 있다.

○ **학습 과정 평가**: 학습 과정에 관한 이해를 제공함으로써 교육자가 학생의 학습을 평가하고 필요한 지원을 제공하는 데 도움이 된다.

○ **인지능력 향상**: 인지능력을 향상시키는 방법을 제안할 수 있다. 예를 들어, 다양한 활동과 게임은 학생들이 더 쉽게 생각하고 기억하고 문제를 해결하는 데 도움이 될 수 있다.

학습과학과 메타버스의 결합은 학습에 대한 새로운 접근방식을 제공하고, 교육의 효과를 향상시키는 데 기여할 수 있다. 학습자의 두뇌 활동과 행동 데이터를 수집해 학습자가 가장 잘 학습하는 방법과 학습 경험을 최적화하는 방법에 대한 시사점을 제공하고 현실에서 불가능한 학습 경험을 정교화할 수 있다.

뇌과학과 맞춤형 교육

학습과학의 가장 큰 성과 중 하나는 개인별로 학습 능력과 방식을 달리해 최적화된 학습 경험을 제공하는 것이다. 이것이 가능한 이유는 뇌과학의 발전 덕분이다.

뇌과학은 다양한 방법으로 에듀테크에 적용되어 에듀테크의 발전에 크게 기여하고 있다. 학습자별 학습 방식과 속도를 달리하는 개인화된 학습 경험을 제공하고, 뇌 영상 기술을 활용한 신경 피드백은 학습자의 뇌 활동을 실시간으로 모니터링해 학습 과정을 개선하는 데 도움을 준다. 뇌과학이 적용된 에듀테크의 사례 몇 가지를 살펴보자.

구분	설명
브레인리^{Brainly}	학생들이 질문을 올리면 그에 대한 답변을 다른 학생들이 함께 참여해 제공하는 온라인 학습 커뮤니티. 학생들이 문제를 해결할 때 뇌과학 기술을 활용해 학생들의 학습 과정을 분석하고, 그에 맞는 해답을 제공한다.
뉴로넷^{NeuroNet}	인공지능과 뇌과학을 기반으로 한 교육 플랫폼. 학습자들의 학습 과정을 모니터링하고, 학습자들의 학습 스타일 및 능력에 따라 맞춤형 학습 프로그램을 제공한다.

구분	설명
코그니핏CogniFit	뇌과학 기술을 활용해 학습자의 인지능력을 평가하고, 맞춤형 학습 프로그램을 제공하는 서비스. 학습자의 인지능력을 개선하고 학습 효율성을 높일 수 있도록 돕는다.
에드멘텀Edmentum	뇌과학 기술을 이용해 학생들의 학습 과정을 분석하고, 맞춤형 학습 프로그램을 제공하는 서비스. 학생들의 학습 스타일과 능력에 따라 맞춤형 학습 프로그램을 제공해 학습 효율성을 높인다.
클래스카드Classcard	단어장 서비스로 학습자가 주요 개념이나 사실을 반복적으로 학습하는 반복 학습과 일정한 시간 간격으로 복습함으로써 정보를 장기기억으로 전환하는 뇌과학을 활용하고 있다. 국내에서 개발해 서비스하고 있다.

학습과학이 바꿀 교육의 미래

학습과학은 학습 과정과 교육 환경을 이해하고 개선하기 위해 다양한 학문 분야의 지식을 종합적으로 활용한다. 여기에 기술의 발달이 더해지면서 성과는 갈수록 개선되고 있으며, 교육의 미래에 변화와 혁신을 가져올 것으로 기대된다. 학습과학으로 인해 교육의 미래가 어떻게 변화할지 간략하게 살펴보자.

○ **개인화된 교육**: 학습과학은 학습자의 개별적인 필요와 특성을 이해하는 데 중요한 역할을 한다. 미래에는 교육이 개인화되어 학습자마다 최적화된 학습 경험을 제공받을 수 있게 된

다. 적응형 학습 시스템, 인공지능 기반의 튜터 등은 이러한 개인화된 교육의 사례다.

○ **참여와 협력 중심의 학습 환경**: 학습과학은 학습자의 참여와 협력을 강조한다. 기존의 개별적인 학습에서 벗어나, 상호 작용과 협력을 중심으로 한 학습 환경으로 발전할 것이다. 가상현실, 증강현실, 게임 기반 학습 등은 이러한 참여와 협력 중심의 학습 환경을 구현하는 기술이다.

○ **실생활과 연계된 교육**: 학습과학은 실생활과 연계된 교육의 중요성을 강조한다. 이를 통해 교육은 이론 중심에서 벗어나, 실생활 문제 해결 능력을 기르는 데 초점을 맞출 것이다. 프로젝트 기반 학습, 현장 체험 학습 등은 실생활과 연계된 교육의 사례다.

○ **평생학습**: 학습과학은 학습이 일생 동안 이루어지는 과정임을 인식한다. 이에 따라 교육의 미래는 평생학습이 중요한 가치로 인식되며, 전통적인 학문 구조와 연령별 교육 시스템의 변화가 이루어질 것으로 예상된다. 온라인 교육 플랫폼, 마이크로 학습, 자기주도 학습 등은 평생학습을 지원하는 도구와 방법이다.

○ **기술과 교육의 융합**: 학습과학의 발전은 교육 기술의 활용을 촉진한다. 뇌과학, 인공지능, 데이터과학 등의 기술은 교육 환경과 학습 방법의 혁신을 가져올 것이다. 이러한 기술을 활용해 향후 교육이 더욱 효과적이고 창의적인 방식으로 발전할 것으로 기대된다.

○ **학습과학 기반 교육 정책**: 학습과학의 발전은 교육 정책에도 영향을 미칠 것이다. 학습과학 연구 결과를 토대로 교육기관과 정부는 학습자에게 더 효과적인 교육을 제공하기 위한 정책과 프로그램을 개발하게 될 것이다.

○ **건강한 학습 환경**: 학습과학은 학습자의 정신적, 신체적 건강에 관심을 가지며, 이를 교육 환경에 반영하는 데 중요한 역할을 한다. 학습자의 스트레스 감소, 집중력 향상 등 건강한 학습 환경을 제공하는 것이 중요한 목표가 될 것이다.

○ **다양한 학습자의 필요 충족**: 학습과학은 다양한 학습자의 필요를 이해하고, 이를 교육에 반영하는 데 기여한다. 그 결과 이전에 소외되었던 학습자들에게도 맞춤형 교육 기회가 제공되며, 교육의 공정성과 포용성이 높아질 것으로 기대된다.

학습과학의 발전은 교육의 미래에 여러 가지 변화와 혁신을 가져올 것이다. 교육은 개인의 수준에 맞춰서 더 개인화되면서도, 참여 중심의 학습 환경을 갖춤으로써 협력을 통한 교육이 진행되는 등 학습자들에게 더 효과적이고 만족스러운 교육 경험을 제공할 것으로 기대된다.

5.
모두의 배움, DEI

다양성diversity, 형평성equity, 포용성inclusion은 교육의 핵심 요소로 현대사회에서 더욱 중요해지고 있다. 사회와 조직의 다양성이 살아 있으려면 구성원이 다양해야 할 뿐 아니라 구성원들이 가진 다양한 능력과 소질이 소중하게 개발되고 인정받아야 한다. 인간의 역량은 다면적일 뿐 아니라 상호 보완적이다. 개인의 재능이 발휘되어야 사회와 조직의 다양성은 높아지고 혁신은 더 자주 일어나며 생산성은 높아진다.

유엔도 다양성, 형평성, 포용성을 고려해 지속가능발전목표SDGs, Sustainable Development Goals 17개 중 네 번째로 '모두를 위한 포용적이고 평등한 양질의 교육과 평생학습 기회 보장'을 설정했다.

DEI의 정의

다양성, 형평성, 포용성diversity, equity, inclusion, 이하 DEI은 다양한 구성원들이 서로 존중하는 환경을 조성하는 데 중점을 둔 원칙이다.

여기서 다양성은 인종, 종교, 성별, 나이, 사회계층, 장애, 국적 등 다양한 배경을 가진 개인들이 조직에 참여할 수 있도록 함으로써 조직 내에 다양한 의견과 경험을 갖춘 환경을 만드는 것이다. 다양성이 생기면 혁신, 창의성 및 문제 해결 능력이 향상된다.

형평성은 모든 사람이 개인의 배경과 관계없이 동등한 기회와 대우를 받아야 함을 의미한다. 기업이라면 급여, 승진, 교육 및 계발 기회, 혜택 등 모든 부문에서 차별이 없어야 하며, 형평을 실현함으로써, 조직은 신뢰와 존중을 높여 직원들의 만족도와 그들의 성과를 향상시킬 수 있다.

평등이 기회가 똑같이 주어지는 것이라면, 형평은 결과가 똑같이 나오도록 자원과 기회를 개인차에 맞춰 제공하는 것이다. 즉, 낙오되는 사람이 없도록 살피는 것이다. 형평을 추구하게 되면 사회경제 이윤의 균등 분배가 된다.

마지막으로, 포용성은 조직에 속한 모든 사람이 소속감을 느끼고, 존중받고, 가치 있는 일을 하는 것으로 인식되도록 하는 것이다. 포용적인 환경은 다양한 의견을 존중하고 협력을 장려하며, 차별과 편견을 없애는 것을 목표로 한다. 포용적인 환경을 조성함으로써 조직에 속한 모든 사람의 잠재력을 최대한 발휘할 수 있다.

이러한 DEI 원칙을 실천하는 것은 조직의 성과와 구성원의 만

[그림 1] 평등과 형평성의 차이

족도를 향상시키는 데 중요한 역할을 한다. 조직이 DEI를 적극 실천함으로써 다양한 배경과 경험을 가진 인재를 유치하고 유지할 수 있으며, 혁신과 경쟁력을 높일 수 있다.

교육 분야의 DEI

교육에서 다양성, 형평성, 포용성은 학생과 교직원의 다양한 배경과 경험을 인정하고 존중하며 소중히 여기고, 모든 학생에게 동등한 기회를 제공하며, 포용적인 학습 환경을 조성하는 원칙을 말한다.

○ **학생 다양성**: 교육기관은 인종, 성별, 성적 지향, 종교, 연령, 사회경제적 지위, 국적, 장애 등 다양한 배경을 가진 학생들을 수용하고 동등한 기회를 보장해야 한다. 다양한 학생들이 함께 배우고 성장할 수 있는 환경을 조성함으로써 창의성, 협업, 문제 해결 능력과 같은 기술을 향상시킬 수 있다.

○ **교육 형평성**: 학생들은 배경과 관계없이 동등한 기회와 대우를 받아야 한다. 여기에는 모든 영역에서 차별 없이 교육 자원, 학습 기회, 성취도 평가, 장학금 및 재정 지원에 대한 동등한 접근이 포함된다. 교육 형평성을 달성하면 모든 학생이 자신의 학업 잠재력을 최대한 발휘할 수 있는 기회를 얻게 된다.

○ **포용적인 학습 환경**: 학생들이 소속감을 느끼고, 존중받으며, 가치 있는 기여자로 인정받을 수 있도록 보장해야 한다. 이를 위해 교육기관은 다양한 의견과 배경을 존중하고, 협업과 소통을 장려하는 문화를 조성해야 한다. 또한 커리큘럼과 교재가 다양한 관점과 경험을 반영할 수 있도록 만들어야 한다.

교육에서 DEI 원칙을 구현하는 것은 모든 학생에게 성공의 기회를 제공하고 학업적 성장과 개인적 발전을 촉진하는 데 중요한 역할을 한다. 또한 DEI 원칙에 기초한 교육 환경은 학생들이 미래에 다양하고 다문화적인 사회, 직장 및 지역사회에서 성공할 수 있도록 준비시킨다.

교육과 기술이 결합할 때 더 중요한 DEI

기술이 교육에 적극적으로 사용될 때 DEI는 더욱 중요해진다. 이를 고려하지 않은 기술은 교육의 격차를 심화시킬 수 있기 때문이다. 이런 이유로 전 세계적으로 에듀테크의 DEI가 중요한 주제로 다뤄지고 있다. 교육 환경에서 다양성, 형평성, 포용성을 증진하기 위해 에듀테크를 활용하는 몇 가지 모범 사례를 살펴보자

- **다양한 문화를 고려한 콘텐츠**: 다양한 그룹의 고유한 경험, 역사, 관점을 반영하는 문화적으로 반응하는 다양한 학습 자료를 제작하고 구현한다. 여기에는 다양한 문화와 배경을 나타내는 비디오, 이미지, 텍스트 등의 멀티미디어 콘텐츠 사용이 포함된다.
- **접근 가능한 기술**: 장애 학생을 포함한 모든 학생이 에듀테크 도구와 플랫폼에 접근할 수 있도록 한다. 여기에는 자막, 대본 및 텍스트 음성 변환 옵션을 제공하고 시각, 청각, 인지 또는 운동 장애가 있는 학생의 요구 사항을 고려하는 것이 포함된다.
- **개인 맞춤형 학습**: 개별 학생의 필요, 학습 스타일 및 능력에 맞게 교육 환경을 조정할 수 있는 적응형 학습 기술을 활용한다. 개인 맞춤형 학습은 성취도 격차를 줄이고 모든 학습자의 성공을 촉진하는 데 도움이 될 수 있다.
- **협업도구**: 다양한 배경을 가진 학생들 간의 소통, 상호 작용

및 팀워크를 장려하는 디지털 협업 도구를 구현한다. 이를 통해 이해와 공감을 촉진하고 포용적인 학습 환경을 조성할 수 있다.

○ **교사 연수 및 지원**: 교사가 에듀테크 도구를 효과적으로 사용해 DEI를 지원할 수 있도록 지속적인 전문성 개발 및 연수를 제공한다. 여기에는 문화적으로 반응하는 교육 관행에 대한 교육, 접근성에 대한 이해, 다양한 학습자를 위한 차별화 교육을 위한 기술 사용 등이 포함된다.

○ **디지털 형평성**: 모든 학생이 필요한 기술 장치와 초고속 인터넷에 접근할 수 있도록 하고 사용법을 지원해야 한다. 여기에는 도움이 필요한 학생에게 기기를 제공하거나 지역 기관과 협력해 저렴한 인터넷 사용을 제공하는 것이 포함될 수 있다.

○ **데이터 기반 의사결정**: 데이터 분석을 활용해 다양한 배경을 가진 학생들의 진도를 모니터링 및 평가하고, 성취도 격차를 파악하며, 공평한 결과를 지원하기 위해 정보에 입각한 의사결정을 내린다.

○ **학부모 및 커뮤니티 참여**: 에듀테크 도구를 사용해 학교, 학부모, 커뮤니티 간의 소통을 촉진할 수 있다. 학부모의 참여를 장려하고 피드백을 요청해 개방적이고 포용적인 교육 환경을 조성한다.

이러한 DEI를 고려한 에듀테크 서비스는 다양성, 형평성, 포용성을 촉진하는 학습 환경을 조성해 모든 학생의 학업 성취도와 개인적 성장에 도움을 줄 수 있다.

DEI를 지원하는 에듀테크 사례

에듀테크 기업들은 DEI를 지원하는 서비스를 제공하고 있다. 이러한 사례들은 교육기관과 학생들이 DEI 원칙을 더 잘 이해하고 실천할 수 있도록 돕는다. 대표적인 몇 가지 사례를 살펴보자.

구분	설명
카훗Kahoot!	여러 가지 주제로 퀴즈 게임을 만들고 진행할 수 있는 플랫폼으로, 다양한 배경의 학생들이 협력하고 소통하는 데 도움이 된다. 교사들은 다양한 문화와 경험에 관한 퀴즈를 만들어 학생들에게 서로 배울 기회를 제공한다.
구글 클래스룸 Google Classroom	학생과 교사가 쉽게 소통하고 협력할 수 있는 클라우드 기반의 학습 관리 시스템. 이 도구를 사용해 교사는 다양한 학습 자료를 공유하고, 학생들 간에 소통 및 협력을 촉진할 수 있다.
마이크로소프트 트랜슬레이터 Microsoft Translator	실시간으로 여러 언어로 번역을 제공하는 도구다. 교사들은 이 도구로 다양한 언어를 사용하는 학생들과 원활하게 소통할 수 있으며, 학생들 간의 언어 장벽도 줄일 수 있다.
브레인리	학생들끼리 질문하고 답변하는 온라인 학습 공동체로, 다양한 문화와 국가의 학생들이 서로 도움을 주고받을 수 있는 플랫폼을 제공한다.

구분	설명
리드스피커 ReadSpeaker	텍스트를 음성으로 변환하는 도구로, 청각 장애가 있는 학생이나 듣기를 선호하는 학습 스타일의 학생들에게 도움이 된다. 이를 통해 교육 콘텐츠의 접근성을 높일 수 있다.
뉴셀라Newsela	실시간 뉴스 기사를 다양한 난이도로 제공하는 에듀테크 플랫폼. 다양한 능력을 가진 학생들에게 맞춤형 학습 경험을 제공함으로써, 학생들이 사회 문제 등에 관해 배울 기회를 동등하게 제공한다.
클래스도조ClassDojo	이 애플리케이션은 학부모, 학생, 교사 간에 소통을 촉진하며, 각자의 배경과 문화를 이해하고 존중하는 데 도움이 된다. 또한 학부모의 참여를 촉진해 DEI 관련 논의와 협력을 돕는다. 국내에도 서비스되고 있다.
퀴즈앤QuizN	게임 기반 학습 플랫폼으로 퀴즈쇼 및 협업 보드를 공유, 실시간 또는 과제에 참여할 수 있는 수업도구다. 국내에서 개발했다.
아이엠스쿨	학교와 학부모가 소통할 수 있는 서비스로 학교 공지사항, 가정통신문, 급식 소식을 실시간으로 확인할 수 있다. 학부모 커뮤니티를 통해 다양한 교육 관련 정보를 접할 수 있다. 우리나라에서 보편적으로 사용되고 있다.
클래스123	학급경영 소통도구로 학습자의 칭찬 활동을 기록한다. 칭찬 리포트를 통해 효과적인 감정 상담과 동기부여를 하고 있으며 타이머, 초시계, 집중벨 등 수업에 활용할 수 있는 편리한 기능도 제공한다. 국내에서 서비스되고 있다.
하이클래스	알림장과 가정통신문, 앨범 기능을 제공하고 있으며 하이콜을 통해 교사의 사생활은 보호하고 소통은 빠르게 할 수 있다. 국내에서 서비스되고 있다.

이와 같은 에듀테크 서비스들은 교실에서 DEI를 실현하는 데 기여하며, 다양한 배경의 학생들에게 적합한 학습 경험과 기회를 제

132

공한다.

다양성을 인정하고 존중하는 능력은 글로벌 시민의 핵심 역량이다. DEI 원칙을 교육에 도입함으로써 학생들은 세계적인 이해관계자들과 협력하는 능력을 갖추고 인간관계 및 리더십을 키울 수 있다. 그 결과 현재의 교육적 성과는 물론 미래 취업 및 사회활동에서도 큰 역할을 할 것이다.

교육 환경에서 DEI 원칙을 지속적으로 실천하는 것은 학생들의 개인적 성장과 발전 그리고 사회적 변화와 발전에도 기여한다. 교육기관은 다양한 전략과 방법을 도입해 학생들이 서로 다른 배경과 경험을 인정하고 존중하는 능력을 기르도록 해야 한다.

6.
온라인 시대에 더 중요해진
세이프가딩

세이프가딩safeguarding: 안전보호, 안전지킴이은 아동 및 취약한 성인을 보호하고 안전한 환경에서 성장하고 발전할 수 있도록 하는 과정을 말한다. 개인의 복지를 증진하고 학대, 소외, 착취, 무관심, 위험으로부터 보호하는 데 중점을 두는 정책을 뜻하는 용어로, 영국에서 시작되어 전 세계적으로 사용되고 있다.

교육에서 세이프가딩은 어린이와 청소년의 안전, 복지, 보호를 뜻한다. 특히 신체적 상해, 학대, 방임은 물론 괴롭힘이나 차별 등으로 인해 발생할 수 있는 정서적 피해로부터 학생을 보호하는 것이다. 교육에서 이런 환경을 조성하는 것은 물론, 잠재적인 위험이나 우려 사항도 조기에 파악하고 해결해 추가 피해를 예방해야 한다. 학생들이 안전하고 보호받고 있다고 느낄 때 교육자를 신뢰하고 참여할 가능성이 커지며 긍정적인 관계를 촉진하고 효과적인 학습을 할 수 있기에, 세이프가딩은 교육에서 매우 중요한 요소다.

특히 요즘처럼 직접적으로 대면했을 때만이 아니라 온라인에서 24시간 연결되어 있다 보니 안전한 사이버 환경도 세이프가딩의 중요한 정책이 되고 있다. 국가별로 세이프가딩 정책이 어떻게 진행되고 있는지 살펴보는 것이 앞으로의 방향을 예측하는 데 도움이 될 것이다.

유럽

일찌감치 선진국으로 들어선 유럽은 교육에 관해서도 가장 먼저 개혁을 시작해 아동과 청소년의 안전과 복지 제도가 잘되어 있다. EU의 세이프가딩 접근 전략은 EU 기본권 헌장EU Charter of Fundamental Right, 일반 데이터 보호규정General Data Protection Regulation, 아동권리에 관한 EU 전략Council of Europe Convention on the Protection of Children against Sexual Exploitation and Sexual Abuse, EU 사이버 보안전략EU Cybersecurity Strategy과 같은 정책 지침과 법률을 기반으로 한다.

EU의 세이프가딩은 다음과 같은 원칙과 정책에 기반을 두고 있다.

○ **아동의 이익에 기반한 정책**: 아동의 이익을 최우선으로 삼아야 한다는 원칙을 따른다. 이 원칙은 모든 EU 회원국이 아동 및

청소년에 관한 정책과 법률 개발에 참고해야 한다.

○ **아동권리에 대한 존중**: 유엔아동권리협약을 존중하며 이 협약
은 아동의 권리와 보호에 대한 기본 원칙을 제공한다. EU 회
원국은 이 협약에 따라 아동의 권리를 보장하고자 노력해야
한다.

○ **다학제 및 이해관계자 참여**: 세이프가딩 접근에 다학제적 접근
방식을 취하며 다양한 이해관계자(정부, 지역 단체, 교육기관,
비영리 단체 등)의 협력을 중요시한다. 이를 통해 아동과 청소
년을 위한 효과적인 정책과 프로그램이 구현될 수 있다.

○ **예방 및 대응**: 아동학대, 폭력, 괴롭힘, 인신매매 등의 예방과
대응에 초점을 맞춘다. EU는 회원국에 세이프가딩 교육과
인식을 높이는 프로그램을 시행하도록 권장한다.

○ **온라인 안전**: 디지털 환경에서 아동과 청소년의 안전을 보장
하는 것을 중요하게 생각한다. 이를 위해 온라인에서 벌어지
는 집단 괴롭힘, 성희롱, 음란물 등에 대한 예방과 대응 방안
을 마련하고, 회원국에 이를 적용하도록 권장한다.

○ **데이터 보호**: 개인정보 보호에 엄격한 기준을 적용하며, 이는
아동과 청소년의 개인정보에도 해당된다. EU의 일반 데이터
보호 규정은 회원국이 아동과 청소년의 개인정보를 보호하
는 방법에 대한 지침을 제공한다.

이 외에도 EU 회원국은 자체적인 세이프가딩 관련 법률 및 지
침을 시행하고 있으며 그 내용은 국가별로 차이가 있다.

영국

영국 교육부는 아동보호법(1989)에 따라 학생들의 안전과 복지를 보장하는 법적 책임이 있다. 학생들이 안전한 환경에서 학습할 수 있도록 보장하는 것을 최우선으로 하고 학생들이 신체적, 정신적, 감정적 안전을 유지할 수 있도록 한다.

이를 위해 학교와 기타 교육기관에서 아동 보호와 안전에 대한 지침을 제공하고 있다. 이러한 지침은 '교육에서 아이들의 안전 Keeping Children Safe in Education, KCSIE'이라는 제목의 문서에 정리되어 있다. 이 문서에는 교육기관의 책임과 의무에 관한 정보가 담겨 있으며, 정기적으로 업데이트된다. 교육기관의 관리자, 교사 및 지원 직원은 이를 이해하고 따라야 한다.

KCSIE 지침의 주요 내용을 살펴보자.

○ **학생의 안전과 복지 보장**: 학생들의 안전과 복지는 교육의 기본 조건이며, 학생들이 안전한 환경에서 학습할 수 있도록 보장하는 것이 중요하다.

○ **학교 폭력 및 괴롭힘 예방**: 학교 폭력 및 괴롭힘을 예방하고, 피해자를 보호하며, 가해자에 대한 적절한 조치를 취하는 것이 중요하다. 세이프가딩 정책을 통해 학교 내 폭력 및 괴롭힘 문제를 관리하고 대응할 수 있다.

○ **사이버 안전 및 인터넷 집단 괴롭힘 대응**: 디지털 기술의 발전으로 인해 사이버 안전이 더욱 중요해졌다. 영국 교육부는 학

생들의 온라인 활동을 보호하고 집단 괴롭힘을 예방하는 데 큰 관심을 기울이고 있다.

○ **아동학대 예방 및 대응**: 아동학대는 학생의 건강과 발달에 심각한 영향을 미친다. 영국 교육부는 아동학대를 예방하고 대응하는 데 필요한 정책과 프로그램을 강조하고 지원한다.

○ **학생의 보호와 지원**: 세이프가딩을 통해 학생들이 위험한 상황에 처했을 때 적절한 보호와 지원을 받을 수 있다. 이는 학생들의 건강한 성장과 발전에 기여한다.

○ **법적 책임과 준수**: 영국의 교육기관은 관련 법률 및 규정에 따라 학생들의 안전과 복지를 보장하는 책임이 있다. 이러한 법적 책임을 준수하기 위해 교육기관은 세이프가딩에 중점을 둔다.

미국

미국은 학생의 신체적, 정신적 안전을 저해하거나 우호적인 교수학습 분위기 형성에 부정적인 영향을 미치는 다양한 위험으로부터 학생을 보호하기 위해서 교육구마다 안전과 관련한 여러 가지 대응 방법과 절차를 마련해두고 있다. 주로 여러 관련 기관 및 법률, 그리고 각 주와 지역에 따라 추가적인 지침을 제공한다.

대표적인 기관의 역할 및 관련 법을 살펴보자

○ **미국 교육부**: 학교의 안전과 학생 보호를 촉진하기 위한 다양한 지침과 자료를 제공한다. 여기에는 학교 폭력, 괴롭힘, 사이버 안전, 아동학대, 긴급 상황 대처 등 다양한 주제가 포함된다.

○ **미국 질병통제예방센터**Centers for Disease Control and Prevention, CDC: 학교의 건강과 안전에 관한 다양한 지침과 자료를 제공한다. 이는 감염병 예방, 긴급 상황 대처, 심리적 지원 등 다양한 주제를 다룬다.

○ **미국 실종 및 착취 어린이를 찾기 위한 전국 센터**National Center for Missing & Exploited Children, NCMEC: 아동 실종 및 착취 사례를 예방하고 대응하기 위한 교육 자료와 지침을 제공한다.

○ **가족 교육권 및 개인정보 보호법**Family Educational Rights and Privacy Act, FERPA: 학생의 교육 기록을 보호하고, 개인정보를 관리하는 방법에 대한 지침을 제공한다. 학교는 이 법률을 준수해 학생의 개인정보를 보호해야 한다.

○ **학생의 권리 제9조**Title IX: 교육 프로그램 및 활동에서 성별 차별을 금지하며, 학교가 성폭력, 성희롱 및 기타 성차별 사례를 예방하고 대응하는 방법에 관한 지침을 제공한다.

○ **장애인 교육법**Individuals with Disabilities Education Act, IDEA: 장애가 있는 학생들에게 적절한 교육을 제공하기 위한 지침을 제공하며, 학교는 장애가 있는 학생들의 안전과 복지를 보장하는 데 주안점을 두어야 한다.

우리나라

교육기관은 학생의 복지를 보호해야 할 법적, 윤리적 책임이 있다. 대한민국의 세이프가딩과 관련 법으로는 학교안전사고 예방 및 보상에 관한 법률, 학교 폭력 예방 및 대책에 관한 법률, 아동학대범죄의 처벌 등에 관한 특례법, 청소년 보호법, 정보통신망 이용촉진 및 정보보호 등에 관한 법률이 있다. 그 외에도 다양한 법령이 존재한다.

교육기관은 관련 법률 및 지침을 준수해야 하고, 세이프가딩 교육을 통해 교육자와 교직원이 잠재적인 위험이나 우려를 식별, 예방, 대응하는 데 필요한 지식과 기술을 갖추도록 해 더 안전한 교육환경을 조성하는 데 기여한다.

교육부는 여객선이 침몰해 수학여행에 나선 많은 학생들이 사망한 2014년의 세월호 사건 이후 교육 분야 안전종합대책을 발표하고 이에 따른 후속 조치로 발달 단계를 고려한 체계적인 안전교육 7대 표준안을 마련했다. 학교 안전교육 표준안은 그간 학교 안전교육이 통일된 체계를 갖추지 못한 채 이루어져 안전 사각지대가 발생한다는 지적에 따라 안전교육 전문가와 현장 교사를 위촉해 유아에서 고교까지 발전 단계에 따라 체계적인 안전교육이 가능하도록 개발되었다.

7대 영역은 생활 안전, 교통 안전, 폭력-신변 안전, 약물-인터넷 중독, 재난 안전, 직업 안전, 응급처치로 이루어졌으며 25개의 중분류, 52개의 소분류로 구성되어 학교급에 따른 표준안 내용체계도 및

교사의 수업 활동을 돕기 위해 수업지도안도 제공하고 있다.[29]

<학교 안전 보호 교육 프로그램 예시>

1. 학교 안전 및 보호 개요
  - 학교 안전의 중요성 및 학교 내 안전 문제 인식
  - 학교 안전 관련 법규와 정책 이해

2. 학교 폭력 및 괴롭힘 예방
  - 폭력 및 괴롭힘의 유형과 특징 인식
  - 폭력 및 괴롭힘 예방 및 대응 전략 습득

3. 아동학대 예방 및 대응
  - 아동학대의 유형과 특징 인식
  - 아동학대 발생 시 적절한 보고 및 대응 방법 습득

4. 사이버 안전 및 인터넷 집단 괴롭힘 예방
  - 사이버 위협 및 인터넷 집단 괴롭힘의 유형과 특징 인식
  - 온라인 환경에서의 안전한 행동과 보호 전략 습득

5. 응급상황 대비 및 대응
  - 천재지변, 화재, 테러 등 응급상황 대비 및 대응 방법 교육
  - 응급처치, 소화기 사용법 등 실천력 향상 훈련

6. 부모 및 가족 참여 프로그램
  - 학부모들에게 학교 안전 및 보호에 대한 정보 제공
  - 부모 참여를 통한 학교 안전 문화 조성

---

29 교육부, 2014

이러한 교육 및 훈련 프로그램을 통해 학생들은 안전한 학교 환경에서 건강하게 성장하고 발전할 수 있으며 교사들과 학부모들은 학교 안전 문제에 대한 이해를 높이고, 적절한 대응 및 예방 방법을 습득할 수 있다.

에듀테크에서 고려할 세이프가딩

코로나 팬데믹 이후 학교 공간 개선 사업, 학교망 개선 사업, 1인 1디바이스 사업, AI 디지털 교과서 개발 등 교육 영역에서 디지털 전환이 가속화됨에 따라 에듀테크 세이프가딩의 중요성도 높아지고 있다.

에듀테크를 활용하면서 중요하게 고려해야 할 세이프가딩 영역은 다음과 같다.

○ **데이터 보안 및 개인정보 보호**: 암호화, 접근 제어, 백업 및 데이터 관리를 통해 학생, 교사, 직원들의 개인정보를 보호한다.
○ **온라인 상호 작용의 관리**: 온라인 플랫폼에서 교사, 학생, 부모 간의 적절한 상호 작용을 유지하고 괴롭힘, 학대 등의 위험을 예방한다.
○ **내용 필터링 및 모니터링**: 인터넷 필터링 솔루션을 사용해 부적절한 콘텐츠에 대한 접근을 제한하고, 온라인 활동을 모니터링해 위험한 행동이나 문제를 조기에 발견한다.

○ **사이버 안전 교육**: 학생, 교사, 직원들에게 사이버 위협에 대한 인식을 높이는 교육 프로그램을 제공하고, 올바른 온라인 행동과 보안 습관을 강조한다.

○ **보호 정책 및 절차**: 에듀테크 회사와 교육기관이 협력해 온라인 보호 정책, 절차 및 지침을 수립하고 이를 교육 환경에 적용한다.

○ **부모 및 가족 참여**: 부모나 가족들이 자녀의 온라인 학습 경험에 참여할 수 있도록 돕고, 온라인 활동에 대한 지침과 권장 사항을 제공한다.

○ **교육 기술의 접근성**: 다양한 교육 수준, 능력, 배경의 사용자들에게 맞춤형 교육 콘텐츠와 도구를 제공해 모든 학습자가 동등한 기회를 가질 수 있도록 한다.

에듀테크의 세이프가딩 조치는 학습자와 교육기관 모두에게 안전한 디지털 환경을 제공하는 데 중요한 역할을 한다.

세이프가딩을 지원하는 에듀테크 서비스는 국내에서는 대부분 교육부 차원에서 운영된다. 반면 해외에서는 구글이나 마이크로소프트와 같은 빅테크 기업, 비영리 단체 그리고 안전한 교육 환경이라는 문제를 해결하는 데 다양한 스타트업들이 뛰어들고 있다.

국내외의 대표적 에듀테크 서비스의 세이프가딩 현황을 살펴보자.

구분	설명
개글^{Gaggle} 개글^{Gaggle}	학생들의 디지털 안전을 보장하기 위한 에듀테크 솔루션을 제공한다. 학교가 사용하는 온라인 플랫폼에서 학생들의 행동을 모니터링해 폭력, 괴롭힘, 자해 등의 위험 요소를 식별하고, 적절한 조치를 취할 수 있도록 지원한다.
스탑잇 솔루션스 STOPit Solutions	괴롭힘, 위협, 폭력 등의 사건을 실시간으로 신고할 수 있는 애플리케이션을 제공한다. 학생들은 익명으로 사건을 신고할 수 있으며, 학교 관계자는 신속하게 대응할 수 있다.
시큐얼리^{Securly}	학교와 가정에서 아이들의 온라인 활동을 안전하게 관리하는 도구를 제공한다. 웹 필터링, 학생 모니터링, 사이버 폭력 및 자해 예방 기능 등 다양한 솔루션을 제공하며, 학부모와 교사가 학생들의 온라인 안전을 지키는 데 도움이 된다.
클래스크래프트	게임화된 학습 환경을 제공해 학생들의 참여를 높이고, 협력과 존중을 증진한다. 이를 통해 교실 내 폭력과 괴롭힘을 감소시킬 수 있으며, 학생들이 건강한 관계를 형성하도록 돕는다.
임페로 소프트웨어 Impero Software	교육기관을 위한 네트워크 관리 및 온라인 안전 솔루션을 제공한다. 학생들의 인터넷 사용을 모니터링하고 적절하지 않은 콘텐츠에 대한 접근을 제한하며, 위험한 행동을 감지할 수 있도록 돕는다.
라이트스피드 시스템 LightSpeed System	인공지능을 활용해 유해 사이트를 차단하고 학습자의 온라인 문서, 애플리케이션, 이메일, 채팅 메시지, 브라우저 등에서 관련 지표를 스캔하고 분석해 안전 전문가에게 조기경보를 제공한다.
바크^{Bark}	학생들의 온라인 활동을 모니터링하고, 인터넷 집단 괴롭힘을 비롯해 음란물, 자해 및 폭력 행위와 같은 위험한 콘텐츠에 대한 알림을 제공하는 소프트웨어. 교육기관뿐만 아니라 가정에서도 사용할 수 있어 학생들의 온라인 안전을 보호하는 데 도움이 된다.

구분	설명
고가디언 GoGuardian	학생들의 디바이스 사용을 관리하고, 인터넷 필터링 및 모니터링 기능을 제공해 학생들이 안전하게 인터넷을 사용할 수 있도록 지원한다. 또한 자살 예방 및 심리적 지원 프로그램을 제공해 학생들의 건강과 안전을 지원한다.
니어팟^{Nearpod}	교실에서 협력과 상호 작용을 촉진하는 온라인 학습 플랫폼. 교사들은 다양한 교육 자료와 실시간 피드백 기능을 활용해 학생들과 소통하고, 학생들 간에 존중과 이해를 증진할 수 있다.
커먼센스 에듀케이션 Common Sense Education	학생들에게 디지털 시민권 및 온라인 안전에 대한 교육 리소스를 제공한다. 교육기관은 이러한 리소스를 활용해 학생들에게 온라인에서의 책임감 있는 행동과 안전한 활동을 가르칠 수 있다.
세이프2텔^{Safe2Tell}	학생들이 익명으로 학교에서의 위험한 상황이나 사건을 신고할 수 있는 애플리케이션. 이를 통해 학생들이 더 안전하게 학교생활을 이어가는 데 도움이 된다.
마이크로소프트	마이크로소프트는 정보 문해력의 중요성을 인식하고 2022년부터 정보활용 능력 프로그램에 대한 투자를 확대해 2023년부터 코파일럿과 결합한 검색 코치^{Search Coach} 등의 프로그램을 제공하고 있다.
비 인터넷 어썸 Be Internet Awesome	2017년 구글이 안전한 인터넷 이용과 디지털 시민권을 교육하기 위한 목적으로 출시한 교육 프로그램. 지혜, 경각심, 강인함, 친절, 용기^{Smart, Alert, Strong, Kind, Brave}라는 다섯 가지 핵심역량을 키우기 위한 인터랜드^{Interland} 교육용 게임을 제공한다.

교육에서 세이프가딩은 배경이나 개인적 상황과 관계없이 모든 학생이 안전하고 적극적인 지원을 받으며 학습 환경에 접근할 수 있도록 보장해야 한다. 세이프가딩은 모든 아동의 성장과 발달을 지

원하는 긍정적이고 포용적인 학습 환경을 조성하는 데 반드시 필요하다. 이런 환경을 조성하는 것은 교육자, 학교 관리자 그리고 학부모 모두의 책임이다.

요즘 학생들에게는 교육 자체도 중요하지만, 교육을 위한 환경 조성도 더욱 중요해졌다. 성인 세대와 달리 온갖 유해 콘텐츠를 쉽게 접할 수 있고, 그 공간에서 부모나 교사들 모르게 폭력이 벌어지고 있기도 하기 때문이다. 실제 공간에 이어 가상공간에서도 안전을 보장해야 하는 상황에서 부모와 교사가 모두 고심하고 있다. 이런 고민의 해결책으로 앞서 소개한 국가별 제도, 기업의 각종 프로그램 등이 개발되고 있다.

세이프가딩이 이루어지면 교육의 질과 효과를 크게 높일 수 있다. 안전한 환경에서 학생들은 학업 성취에 집중할 수 있고, 다양한 배경과 경험을 가진 학생들이 서로 존중하며 협력하는 기회를 얻을 수 있기 때문이다.

7.
고교학점제, 무엇이 달라지는가

2025년부터 전국 고등학교에 고교학점제가 도입된다.

고교학점제란 고교생이 자신의 진로나 적성에 따라 과목을 선택해 수강하고 누적 학점이 192학점이 되면 졸업하는 제도다. 고교학점제의 가장 큰 특징은 교육 당국과 학교에서 정한 일관된 학습 계획을 수동적으로 받아들이는 지금과 달리, 학생이 선택한 진로에 맞게 학생 자신이 직접 수업을 골라 다양한 학습을 할 수 있으며, 과목 이수를 통해 최소한의 성취 수준에 다다를 수 있게 한다는 것이다.

고교학점제는 학생이 다양한 과목을 선택적으로 수강하도록 함으로써 학습자의 자기주도적 학습권과 선택권을 강화한다는 취지에서 출발했다. 학생들은 자신이 듣고 싶은 과목을 선택해 교실을 이동하며 수업을 들을 수 있다. 원하는 수업을 스스로 선택하는 만큼 더 재미있게 공부할 수 있으며, 상대평가의 제약에서 벗어나 같은 목적으로 수업을 듣는 학생들 간에 공감대가 쉽게 형성될 것으로 보고 있다. 특히 원하는 교과목이 없다면 학생이 직접 신규 교과 개설을 요구할 수 있으며, 학교에서 제공하기 어려운 과목의 경우 온라인으로 수강할 수 있다. 늘어난 자유도 만큼 학교의 역할과 책임은 강화되는데, 학교는 이동수업을 위한 공간을 마련하고 최소 성취 수준이 안 되는 학생을 지도해서 최소한의 수준까지 다다르도록 제도를 마련해야 한다.

그저 입시만 중요했던 고교 학습

그동안 우리 교육은 아이들에게 꿈을 찾아주기보다는 좋은 대학에 가는 것을 목표로 삼도록 만들었다. 아이들은 대체로 안정적이고 높은 월급을 받을 수 있는 직장에 취업하기 위해 좋은 대학에 가는 데만 집중했다. 그러다 보니 자신이 정말 좋아하는 일, 하고 싶은 일이 무엇인지도 모른 채로 행복하지 않은 고교 시절을 보내고, 이런 문제는 고등학교를 졸업한 후로도 계속되었다. 정작 좋은 직장에 취업해도 만족하지 못하는 삶을 살게 된 것이다. 이러한 상황에서 고교학점제는 이런 문제를 해결하고 학생이 스스로 인생을 설계해보는 출발점을 마련해줄 것이다. 자신의 미래를 진지하게 고민하고 정보를 탐색한 학생이라면 이 제도를 통해 진로를 구체화하고 자신의 꿈에 빠르게 다가갈 수 있다.

고교학점제가 안착되면 대학 생활과 취업 준비도 탄력을 받게 될 것이다. 잘 짜인 경력설계와 강화된 자기주도적 학습 능력은 대학에서 수강신청을 할 때, 역량을 개발할 때, 취업처를 선택할 때 여러모로 도움이 될 것이기 때문이다.

고교학점제의 기회

그동안 공교육의 문제점으로 지적되어 온 입시 위주의 획일적 교육과 부실한 진로교육, 방치된 학생 문제를 고교학점제가 어느정도 해소할 것으로 기대된다. 그러나 학생의 선택권 확대가 학생 역량 강화와 인재 양성을 보장하지는 않는다. 또한 고등학교 1학년까지만 상대평가가 적용되어 대입 준비가 중학교 수준으로 내려올 것이라는 우려도 있다. 즉, 학생이 선택한 과목이 학생의 인생을 결정지을 정도로 파괴력을 가지지 않을 수도 있다. 한편 미성년인 고등학생 때 자신의 진로를 결정하라는 것이 가혹해 보일 수도 있다.

다양한 우려가 있지만, 해당 제도의 순기능을 살리고 자녀들의 성장 발판으로 삼으려면 부모와 교사가 학생 진로에 관해 함께 고민하고 적극적으로 정보를 나누는 생태계를 구축해야 한다. 교사는 진로 학업 설계와 상담 관련 전문성을 높이고 학부모는 자녀의 멘토로서 책임의식을 가져야 한다. 아이들이 고등학교 3년을 잘 설계했는지, 무엇을 배우고 무엇에 흥미가 있는지 알아야 하며, 풍부한 경험과 혜안을 가진 인생의 선배로서 아이들에게 적극적인 조언을 아끼지 말아야 한다.

　교사와 부모로부터 멘토링을 받은 아이들은 자신의 진로에 관해 진지하게 고민해 학습 여정을 설계하고 실천하는 과정을 통해 관련 역량을 키우게 될 것이며, 결과적으로 자기 삶의 주인이 되어갈 것으로 기대한다.

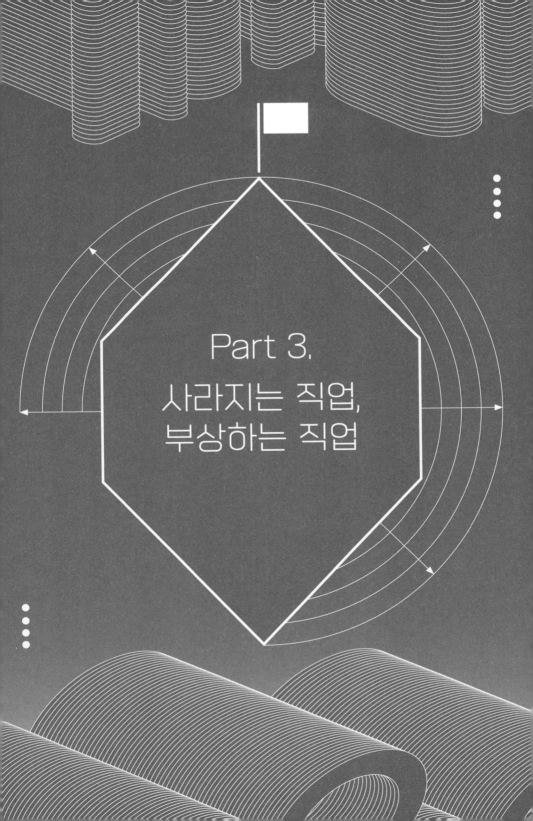

Part 3.

사라지는 직업,
부상하는 직업

1.
기술과 사람의
일자리 전쟁 시대

　우리가 배우는 이유는 무엇일까? 교육은 우리 삶을 더 인간답게 하고, 나아가 사회생활을 영위하는 데 어려움이 없도록 하는 데 목적이 있다. 이를 좀 더 현실적으로 풀어보면, 성인이 되어 사회에 나갔을 때 경제적 삶을 영위할 수 있을 만큼 일하는 데 필요한 모든 것을 배우는 과정이라고 할 수 있다. 즉, 기본적인 지식 교양을 비롯해, 하고자 하는 일에 관한 지식, 업무의 기본적인 기술 등도 배운다. 교육을 마친 뒤 우리 대부분은 배운 것을 잘 살릴 수 있는 직업을 갖게 된다. 그래서 많은 대학이 자신들의 성과를 측정할 때 '취업률'을 내세운다. 그리고 취업이 잘 되는 대학을 가기 위해 중고등학교 6년을 보내며, 이를 위해 초등학교에서 기본적인 교육을 6년간 받는 것이라고 해도 과언이 아니다.

그런데 지금 취업시장이 4차 산업혁명 기술로 인해 지각변동을 겪고 있다. 그중에서도 인공지능의 눈부신 발전은 기존의 많은 일자리를 인공지능이 대체할 것이라는 걱정의 목소리로 이어진다. 시대가 변해가는 데 발맞춰 교육 역시 변해야 한다. 그렇지 않으면, 우리는 일터에서 새로운 기술로 대체될 것이다.

3부에서는 기술로 인해 직업에 어떤 변화가 생길지, 이에 대처하기 위해 교육은 어떻게 변해야 할지를 다룬다.

러다이트 운동과 네오 러다이트 운동

18세기 영국에서는 공장에서 숙련공들이 분업을 통해 규격화된 제품을 대량 생산하는 산업이 발달했다. 공장제 수공업이라 불리는 이 산업은 증기기관의 발명과 더불어 몰락하기 시작했다. 공장주에게는 숙련공들에게 월급을 주는 것보다 기계를 사들여서 비숙련공을 고용하는 편이 훨씬 이익이었다. 기술의 발달에 따라 숙련공들은 설 자리가 점점 사라졌고 기계 도입에 따른 저숙련 저임금 일자리만 넘쳐났다. 이에 참을성을 잃은 노동자들은 비밀 결사대를 만들어 밤이 되면 기계를 부수거나 불태워버렸다. 이런 행동이 다른 지역으로 번지면서 하나의 사회적 운동이 되었다. 바로 러다이트 Luddite 운동이다. 이런 이름으로 불린 데는 여러 가지 설이 있는데, 영국 중북부의 직물 공업 지대에서 일어났던 기계 파괴 운동을 지도했으며 '러드 장군General Ludd'이라고 불리던 어떤 인물의 이름에서 유래했다는 가설이 유력하다.

　디지털 기술의 발달로 또다시 급격한 변화 속에서 네오 러다이트 운동이라는 신조어가 생기고 있다. 네오 러다이트 운동은 4차 산업혁명이 일어나면서 빅데이터, 인공지능, 사물인터넷 등 새로운 기술이 기존 일자리를 대체할지도 모른다는 공포심에서 혁신을 반대하는 현상을 말한다.

　러다이트 운동은 인간과 기계의 일자리 전쟁의 출발이라 해도 과언이 아니다. 산업화 이후에 우리는 지속적으로 기술 또는 기계와 일자리 전쟁을 해왔다. 기술의 발달은 기존 일자리의 몰락과 새로운 산업의 형성이라는 큰 변화의 물결을 만들었고, 이런 물결 속에서 기존의 일자리에서 기계와 인간과의 일자리 전쟁은 항상 기계가 승리했다.

　1900년대 사람들의 일자리 대부분을 차지했던 농업은 농기계의 등장으로 많은 일자리가 사라졌다. 경제학자 대니얼 서스킨드Daniel Susskind는 자신의 책 《노동의 시대는 끝났다A World Without Work》에서 1861년부터 150년 동안 영국 농업이 급성장했다고 말한다. 오늘날 영국 농업은 1861년에 비해 농산물을 4배 이상 생산하고 있다. 하지만 그에 필요한 인력은 320만 명에서 38만 명으로 거의 10분의 1 수준으로 줄었다. 기계화로 인해 농업은 과거의 10% 수준의 인력으로 4배 가까운 생산성을 보여주는 산업으로 발전한 것이다. 기계화는 생산성 향상을 만들었지만, 농업이라는 산업에서 얻을 수 있었던 인간의 일자리가 사라진 것 또한 사실이다.

　농업에서 일자리를 잃자 사람들은 제조업으로 이동했다. 서

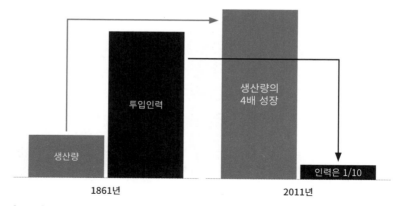

[그림 2] 영국 농업 산업구조의 변화
    출처: 대니얼 서스킨드 《노동의 시대는 끝났다》

스킨드는 제조업에 관해서도 설명하고 있는데, 영국의 제조업은 1970년부터 고용률이 점점 하락하기 시작했다고 말한다. 그리고 1948년에 비해 영국 제조업의 생산량은 150% 증가했지만, 노동자 수는 60% 줄었다고 설명한다. 오늘날 미국 제조업도 1986년에 비해 생산량은 70%가량 증가했지만 그 제품을 생산하는 노동자는 30%가 감소했다. 2000년대 들어서 미국 제조업에서 사라진 일자리가 무려 570만 개에 이른다. 제조업 또한 기계로 빠르게 대체되고 있다.

인류는 그동안 농업과 제조업의 일자리를 기술과 기계에 빼앗겨 왔다. 이제 사람들은 어디로 이동했을까? 바로 서비스업이다. 하지만 최근의 인공지능 기술을 비롯한 첨단 기술의 등장은 서비스업에서조차 사람들을 밀어내고 있다. 무인 카페, 무인 편의점 등장의 사례에서 보듯이 이제 서비스업도 기계와의 대결에서 안전한 곳이 아니다. 한 가지 예를 더 들어보자. 5~7년 전만 하더라도 빌딩에는 주차 정산요원이라는 일자리가 있었다. 빌딩에 주차했던 차를 뺄 때 정산요원들이 주차요금을 수납했다. 하지만 지금은 어떠한가? 대부분 빌딩들이 자동화 시스템을 도입해 더는 주차 정산요원을 필요로 하지 않게 되었다. 그 많은 빌딩의 주차 정산요원이라는 일자리는 기술의 등장으로 불과 5~7년 사이에 자취를 감추었다.

기술이 계속 일자리를 빼앗는 동안에도 가장 안심했던 직업군은 지식산업이었다. 소위 말하는 '사'자가 들어가는 직업들이다. 의사, 변호사, 교사, 회계사 등이 여기에 포함되는데, 이들 직업은 보수도 좋으며 기계로의 대체 가능성도 작다고 생각되어 왔다. 그런데 이 직업군조차도 최근의 기술 변화에 결코 안심할 수 없게 되었다. 인공지능 기술의 엄청난 발전 속도가 이들의 직업을 점차 자동화시키고 있는 것이 사실이기 때문이다.

최근에 주목받고 있는 새로운 직업은 창조계층이다. 로봇이 하지 못하는 창의적인 직업으로, 유튜버, 웹툰 및 웹소설 작가 등 창작을 주 업무로 하는 직업군을 의미한다. 하지만 챗GPT와 같은 대화, 이미지, 영상, 음악을 스스로 생성하는 생성형 인공지능의 등장은 이들 직업도 머지않아 안전하지 않다는 것을 예고해주고 있다.

가속화되는 직업의 변화

획기적인 기술은 산업을 바꾸고 거기에 속한 직업까지 급격하게 변화시킨다.

20세기 초반 뉴욕 5번가에는 교통수단으로 활용되던 말이 골 칫거리로 전락하고 있었다. 말의 배설물로 인해 연일 논쟁이 벌어졌 다. 이런 문제는 자동차의 등장과 함께 역사 속으로 사라진다. 2만 년 동안 교통수단을 지배했던 말을 거리에서 사라지게 하는 데 걸린 시간은 13년에 불과했다. 그리고 이와 관련된 직업들도 대대적으로 사라졌다. 말을 모는 마부, 말 안장을 만드는 사람, 말굽을 수리하는 사람, 마차를 만드는 사람 등 말과 관련된 직업을 가진 많은 사람들 이 일자리를 잃었다.

오늘날 획기적인 기술들은 하루가 다르게 등장하고 있다. 인공 지능, 로봇, 가상현실, 증강현실, 홀로그램, 모바일, 플랫폼 등이 그것 이다. 이들은 거의 모든 산업을 빠르게 변화시키고 있다.

이렇게 급변하는 산업을 반영하듯 2020년 세계경제포럼에서 는 4차 산업혁명에 따른 일자리 지형 변화로, 2022년까지 현재 활용 되는 핵심 업무 기술의 42% 이상이 신기술로 대체되고, 2030년까지 전 세계 3분의 1가량의 직무가 변화될 것으로 예상한다. 세계적인 IT 컨설팅 회사인 가트너Gartner도 2025년까지 인력의 3분의 1이 로 봇으로 대체될 것으로 예상한다.

인공지능과 로봇에 의한 자동화는 직업 변화를 더욱더 빠르게 만들고 있다.

2.
인공지능으로 대체되는 일 vs. 사람만이 할 수 있는 일

IBM의 슈퍼컴퓨터 '딥 블루Deep Blue'와 벌인 체스 대결에서 참패를 당한 게리 카스파로프Garry Kasparov는 '인공지능에 패배한 최초의 인간'이라는 오명을 얻었다. 그런데 2018년, 이 인공지능에 패배한 최초의 인간이 〈월스트리트 저널Wall Street Journal〉에 '지능형 기계는 우리를 대체하지 않고 우리를 가르칠 것이다 Intelligent Machines Will Teach Us-Not Replace Us'라는 제목의 글을 기고했다.

이 글에서 그는 딥블루에 패한 것은 기계가 인간에게 승리한 것이 아니라 그것을 만든 인간 창조자의 승리이며, 인간은 인공지능으로 대체되지 않는다고 주장했다. 과거에 도르래에서 유압으로, 그리고 범선에서 증기선으로 발전했던 것처럼, 기술은 인간을 더 강하고 빠르고, 똑똑하게 만들어준다는 것이다. 이러한 관점은 기술을 '인간

을 대체하는 위협'이 아닌, 인간을 돕는 조력자로 바라보며, 기술의
발전을 통해 인간이 더 효율적으로 일할 수 있다고 말했다.

　기술의 발전은 인류에게 늘 편리함과 더불어 새로운 환경을 안
겨 주었다. 이러한 환경의 변화는 우리가 좋든 싫든 적응해야 하는
대상이었다. 특히 기술의 발전은 우리 직업에 많은 변화를 가져왔
다. 새로운 기술에 맞는 새로운 직업들이 생겨났으며 기존의 직업들
은 기술에 의해 지워졌다. 직업의 변화는 곧 사람들의 생존과 직결
되었으며 기술의 변화에 잘 적응하는 이에게는 새로운 기회가, 그렇
지 못하는 이들에게는 쇠락이라는 결과가 따라왔다. 기술은 일과 매
우 밀접한 관계를 맺어왔던 것이 사실이다.

　최근에 인공지능을 비롯해 급격하게 발전하는 기술들은 우리
에게 여러 가지 혜택 주지만 아울러 큰 폭의 직업적 변화도 안겨주
고 있다. 새로운 기회를 발견하기 위해서는 기술에 변화에 따른 일
자리의 변화에 민감하게 대응하고 주목해야 한다.

인공지능과 기술로 대체되는 일

　세계적인 인공지능 학자이자 《인간은 필요 없다 Humans Need
Not》의 저자인 제리 캐플런Jerry Kaplan은 "인공지능의 발전으로 현재
인류가 가진 직업의 90%는 로봇이 대체할 것"이라고 내다보았다.
그는 노동자들이 이러한 변화에 슬기롭게 대처하지 못할 것이고, 일
자리를 빼앗기는 이들이 늘어나면서 노동시장의 불안정과 소득양

160

극화를 초래할 것이라고 강조했다.

글로벌 컨설팅업체 맥킨지 앤드 컴퍼니McKinsey & Company 역시 2017년에 발간한 보고서에서 2030년까지 자동화로 인해 8억 명에 달하는 노동자들이 실직할 것으로 전망했다. 이는 전 세계 노동력의 5분의 1에 해당한다. 매킨지는 46개국, 800개의 직업, 2,000개의 업무를 분석해 이러한 결론을 도출했다. 많은 일자리가 인공지능 로봇으로 대체되고 있으며, 현재를 살아가는 우리는 미래의 일자리에 관해 고민하기 시작했다.

인공지능을 비롯한 최근의 디지털 기술이 우리의 일자리 지도를 빠르게 바꾸고 있다. 그렇다면 어떤 일들이 신기술로 대체되고 있는지 우선 살펴볼 필요가 있다. 결론적으로 말하자면 대체되지 않는 일은 반복적이지 않고 고차원의 사고를 요구하는 일이다. 반면 손쉽게 대체할 수 있는 일은 반복적이고 고차원적 사고를 요구하지 않는 일이다.

한 가지 유의해야 할 것은 기술에 의해 대체되는 개념은 직업 단위가 아니라는 것이다. 바로 과업task 단위로 대체되는 것이 일반적이다. 기술이 경찰관이나 소방관, 간호사, 의사 등을 통째로 대체하는 것이 아니라 경찰관의 과업 중 민원 상담, 업무일지 작성 등 반복적이고 고차원적인 사고를 요하지 않는 과업들이 기술로 대체되어 갈 것이다. 따라서 기술에 따른 일자리의 변화를 볼 때 직업을 세분화해서 들여다볼 필요가 있다.

이렇게 과업 단위로 구분해 각 직업의 인공지능 대체율을 연구한 결과가 있다. 영국 옥스퍼드 대학교 산하의 연구기관 옥스퍼드

[표1] 인공지능으로 대체되는 업무가 많은 직업

순위	대체율 (%)	직업	순위	대체율 (%)	직업
1	99	전화 상담원	16	98	포장기계 조작공
2	99	권리분석사	17	98	조달업무 종사자
3	99	보험 손해사정인	18	98	신용분석사
4	99	시계 수리공	19	98	파트타임 영업사원
5	99	화물·창고 업무 종사자	20	98	손해사정인, 평가사, 조사관
6	99	세무대리인	21	98	운전사, 영업직 사원
7	99	회계관리인	22	98	무선통신사
8	98	보험청구인	23	98	법률비서
9	98	중개인	24	98	회계업무 종사자
10	98	물건 수주 종사자	25	97	레스토랑, 커피숍 직원
11	98	대출 관련 종사자	26	97	신용등급 부여자 및 서무
12	98	보험조정인	27	97	농산물 및 식품과학 기술자
13	98	스포츠 경기 심판	28	97	전화교환원
14	98	은행 창구 직원	29	97	부동산중개인
15	98	동판화가, 판화가	30	97	문서 정리원

마틴 스쿨은 2015년 현재의 직업들이 4차 산업혁명으로 인한 인공
지능 기술에 의해 얼마나 대체되기 쉬울지 조사해 발표했다. 〈매일
경제〉가 2016년 이 연구를 도입해 우리나라의 직업 582개에 그대로
적용해본 결과 [표1]과 같이 나타났다.

　　대체율이 높은 순으로 1위에서 30위까지를 나열한 것이다. 전
화 상담원, 권리분석사, 보험 손해사정인, 시계 수리공, 화물·창고 업
무 종사자, 세무대리인, 회계관리인, 보험청구인, 중개인, 물건 수주
종사자, 대출 관련 종사자, 보험조정인, 스포츠 경기 심판, 은행 창구

직원순으로 대체율이 높은 것으로 나타났다. 이들 직업은 과업 단위가 반복적이고 고차원적 사고를 요구하지 않는 일이 다수 포함된 직업이라 할 수 있다.

미래 직업을 선택하고 직업의 전망을 조망할 때 일이 기술로 대체되는 정도를 꼼꼼히 살펴볼 필요가 있다.

사람만이 할 수 있는 일

그렇다면 앞으로 사람들이 할 수 있는 일은 무엇일까? 기술의 발전 속도는 상상을 초월한다. 지금은 기술보다 내 능력이 나을 수 있어도 기술의 접근이 가능한 경우, 자신의 일이 대체되는 것은 시간문제라고 할 수 있다. 따라서 우리가 주목해야 하는 영역은 인간만이 할 수 있는 일이다.

인간만이 할 수 있는 일을 찾기 전에 우리가 먼저 살펴봐야 하는 것은 기술보다 나은 인간의 능력이다. 기술이 따라 하기 힘든 인간만의 역량에 주목해야 한다. 인간만의 역량은 크게 다섯 가지 요약될 수 있는데, 이 부분에 관해 함께 살펴보고자 한다.

첫째, 창의력이다. 미국 경제학자이자 사회학자인 리처드 플로리다Richard Florida 교수는 21세기에 일어날 사회 변화를 예측하면서 21세기에는 빈곤층, 중산층, 상류층 그리고 그 위에 창조층이라는 새로운 계층이 떠오를 것이라고 주장했다. 4차 산업혁명이라는 새로운 시대를 이끌어가는 계층은 창의력을 바탕으로 한 창조층이라는 주장이다.

미래학자 다니엘 핑크Daniel Pink는 자신의 책《새로운 미래가 온다》에서 다음과 같이 설명했다.

지난 몇십 년은 특정한 생각을 가진 특정 부류의 사람들의 것이었다. 코드를 짜는 프로그래머, 계약서를 만들어낼 수 있는 변호사, 숫자들을 다룰 줄 아는 MBA 졸업생처럼 말이다. 하지만 왕좌의 열쇠는 이제 교체되고 있다. 미래는 아주 다른 생각들을 가진 다른 종류의 사람들이 차지하게 될 것이다. 창조하고 공감할 수 있는 사람, 패턴을 인식하고 의미를 만들어내는 사람들, 예술가, 발명가, 디자이너, 스토리텔러와 같은 사람들, 남을 돌보는 사람, 통합하는 사람, 큰 그림을 생각하는 사람들이 사회에서 최고의 부를 보상받을 것이고 기쁨을 누릴 것이다.

그의 말처럼 창의력이 더욱더 중요한 시대가 다가오고 있다. 인공지능 로봇이 하지 못하는 이런 창의력이 요구되는 역량은 앞으로 매우 중요해질 것이다. 최근에는 창의력이 필요한 새로운 직업 또한 점차 늘어나고 있다. 웹툰 작가, 유튜버는 이미 미래의 직업으로 떠오른 지 오래고, 새로운 영역의 새로운 시도를 추구하는 직업들이 꾸준히 생겨나고 있다. 미래를 예측하는 가장 좋은 방법은 미래를 만드는 것이라는 피터 드러커Peter Drucker의 말처럼, 인공지능 로봇에 미래를 맡기지 말고 우리가 스스로 만드는 창의력을 더욱 키워갈 필요가 있다.

둘째, 협업 역량이다. 체스 게임에서 게리 카스파로프가 인공지능 엔진인 딥 블루에 패한 뒤 10년 가까운 세월이 흘러 새로운 형태의 체스 대회가 열린다. 인간과 컴퓨터를 가리지 않고 누구라도 참여할 수 있는 프리스타일의 대회였다. 그런데 이 대회의 우승자는 더 발전된 슈퍼컴퓨터도, 프로 체스 선수도 아니었다. 가장 뛰어난 성적을 거둔 챔피언은 평범한 노트북 세 대를 활용한 두 명의 아마추어 체스 선수였다. 아무리 뛰어난 인공지능 엔진이라도 인간과 인간, 인간과 컴퓨터의 협업으로 이길 수 있다는 것을 잘 보여주는 사례다.

협업은 인간만이 할 수 있는 역량이다. 기계는 1+1=2가 되지만 인간의 협업은 1+1=10 이상으로도 만들어낼 수 있는 역량을 가지고 있다.

셋째, 종합적 사고력이다. 4차 산업혁명 시대는 지식을 두루 아우르는 통합적 인재를 필요로 한다. 과거에는 지식과 기술로 능력을 평가했다면 지금은 창조적 사고력을 중시하며, 창조적 사고는 어느 한쪽의 시각으로만 보는 것이 아니라 다방면의 시각에서 출발한다. 여기서 종합적 사고력을 갖춘 인재는 이것저것 조금씩 잘하는 제너럴리스트가 아니라, 자기가 잘하는 한 가지 전문 분야에 충분한 소양을 갖추었으면서 다양한 지식을 두루 겸비한 사람을 의미한다.

종합적 사고력은 전문경영인, 행정관료 등 소위 리더에게 꼭 필요한 역량이다. 다양한 사고를 통합하는 능력이란 다양한 관점에서 문제를 바라보고 이를 종합해서 미래의 방향을 설정하는 역량을 의미한다. 불확실한 미래에는 얼마나 열심히 하느냐는 노력보다 방향을 잘 잡아주는 리더가 필요하다. 이런 측면에서 종합적 사고력은 리더로 성장하기 위해 반드시 필요한 인간만의 능력이라 할 수 있다.

넷째, 커뮤니케이션 역량이다. 조지프 마타라조Joseph Matarazzo라는 학자는 맞장구와 관련된 실험을 하면서, 면접시험이라는 설정 아래 면접관과 수험자가 45분간 서로 마주하고 대화를 나누게 했다. 여기서 면접관은 ① 처음 15분 동안에는 평범한 면접을 보고, ② 다음 15분 동안은 수험자 앞에서 면접관이 자주 수긍해주며, ③ 마지막 15분 동안은 수험자와 대화하되 수긍하는 자세를 전혀 보이지 않는 방법을 통해 수험자의 변화를 지켜보았다. 이 실험 결과 ②의 경우가 ①과 ③에 비해 수험자가 48~67% 정도 더 많이 말하는 것으로 나타났다.

대화 도중에 보여주는 적절한 맞장구나 수긍의 표현은 상대로 하여금 더 잘 표현할 수 있도록 해준다. 이러한 맞장구의 방법은 고개를 끄덕여주거나, 단어를 다시 한번 반복하거나, 모르는 부분에 관해 질문을 해주는 것 등이 있으며, 매우 훌륭한 격려가 된다.

공감하며 대화하는 것, 커뮤니케이션 중에 숨겨진 의미를 파악하는 것은 인간만이 할 수 있는 일이다. 커뮤니케이션 역량은 디지털 정보의 홍수 시대에 더욱 중요한 능력으로 강조되고 있다. 넘쳐나는 정보 속에서 꼭 필요한 정보를 공유하고 나누는 것이 바로 커뮤니케이션이기 때문이다.

다섯째, 감성 역량이다. 컴퓨터가 가지지 못한 대표적인 것이 바로 감성이다. 슬픔, 기쁨, 사랑 등은 인간에게는 자연스럽지만, 인공지능 로봇은 할 수 없는 분야다.

딜로이트Deloitte가 2017년에 발표한 영국 노동력 연구 분석 보고서에 따르면, 지난 20년 동안 관심과 배려 관련 일자리가 큰 폭으로 증가했고, 돌봄 분야 종사자 수도 168% 늘었다고 한다. 감성 역량의 일자리는 점차 증가하고 있는 현실이다.

사회가 기술 기반으로 이동하면 할수록 인간으로서의 감성은 더욱 중요해질 것이다. 반려동물 관리사, 푸드 스타일리스트 등 사람의 감성을 충족하기 위한 직업이 주목받고 있는 것은 이러한 연유다. 포옹만 해주는 직업도 생겼다. 호주 퀸즐랜드 골드코스트에 거주하는 제시카 오닐Jessica O'neil은 일정한 금액을 받고 포옹을 해주는 일을 시작해, 지금은 이 일을 직업으로 하고 있다. 매주 그녀가 벌어들이는 수입은 우리나라 돈으로 120만 원 정도다.

타인과 공감하고 이해하며 함께 살아가는 능력은 지금도 중요하지만, 앞으로는 더욱더 중요해질 것이다. 감성 역량이 미래의 중요한 능력으로 주목받을 것이기 때문에 우리는 이런 역량을 개발하는 데 노력을 기울여야 한다.

인공지능 로봇이 할 수 없는 사람만의 역량을 정리하면 창의력creativity, 협업collaboration, 종합적 사고력critical thinking, 커뮤니케이션communication의 앞 글자를 딴 4C 역량과 감성empathy 역량이라고 할 수 있다.

이러한 역량은 인공지능 로봇이 발전하면 할수록 더욱더 중요해질 것이다. 앞으로는 이런 역량의 개발에 집중해야 한다. 이 부분은 인공지능과 로봇으로 대체되기 어려운 부분이기 때문이다.

우리의 미래 일자리는 이렇게 인공지능과 기술이 하지 못하는 인간만의 역량이 많이 발휘될 가능성이 크다. 따라서 교육 역시 인간만이 발휘할 수 있는 역량에 더욱 주목해야 한다.

3.
인공지능과 함께 일하는 법

　　우리는 앞서 인공지능을 뛰어넘을 인간만의 역량을 키워야 한다고 이야기했다. 하지만 이와는 별개로, 우리 삶은 이제 인공지능과 떼려야 뗄 수 없는 관계가 될 것이다. 즉 인공지능이 삶의 어느 부분에서도 등장한다. 더구나 인공지능은 단순한 가전이나 도구와는 다르다. 그렇기 때문에 우리가 앞으로의 삶을 영위하기 위해서는 인공지능 리터러시literacy를 갖추는 것이 중요하다.

　　문해력, 즉 리터러시란 글을 읽고 쓸 줄 아는 능력, 기록물을 통해 지식과 정보를 획득하고 이해할 수 있는 능력을 말한다. 19세기까지만 해도 일반 대중이 아닌 특권 계층에서만 리터러시 능력을 취득할 수 있었고 이는 권력과 부를 창출하기 위한 중요한 도구였다. 글로벌 시대에는 영어가 기본이었고, 4차 산업혁명의 시대에는 코딩 능력이 강조되었는데, 문명의 발달에 따라 변화하는 미디어와 디지털 기술을 활용하는 능력으로 확대되고 있다. 특히 요즘 들어서는 인공지능을 잘 다루는 것이 중요해지면서 인공지능 관련 기본기를 강조하고 있다.

인공지능 리터러시는 윤리적 태도로 인공지능 기술과 데이터의 관리, 활용, 구성의 과정을 통해 문제를 해결하는 실천적 역량이다. 노스웨스턴 대학교 듀리 롱Duri Long 교수와 조지아 공과대학의 브라이언 마제코Brian Magerko 교수는 2020년 인공지능 리터러시를 "개인이 인공지능 기술을 비판적으로 평가할 수 있게 해주는 일련의 역량으로서, 인공지능과 효과적으로 의사소통하고 협업하며 온라인, 가정 및 직장에서 인공지능을 도구로 사용하는 역량"으로 정의했다. 이들은 인공지능 리터러시를 갖추기 위해 데이터과학, 프로그래밍, 알고리즘, 문제 해결력, 비판적 사고 등의 역량에 인문학적 소양을 더해야 한다고 주장했다.

검색을 통해 세상의 모든 정보와 지식을 습득할 수 있는 시대에 교육과 배움은 어떤 의미를 가질까? 정보와 지식의 습득이 교육의 1차적 목적이라면 인공지능이 교사의 역할을 대체할 수 있을 것이다. 그러나 교육의 목적은 정보와 지식을 선별해서 수용하고 이를 실제로 작업이나 기타 일상에 활용하는 능력을 키우는 데 있으므로, 인공지능은 교사를 보조하고 학습자의 역량을 강화하도록 지원하는 도구로 활용될 것이다.

인공지능 협업으로 새로운 가치를 창출하기

'금성의 꽃Flowers on Venus'은 2022년 뉴욕 패션위크 메인 무대에서 공개된 작품이다. 디자이너 박윤희와 인공지능 틸다Tilda가 협업한 작품으로 명성을 얻었는데, 이는 인간이 인공지능을 활용함으로써 어떤 가치를 창출할 수 있는지를 보여주고 있다.

박윤희 디자이너는 틸다에게 '무엇을 그리고 싶니?' '금성에 꽃이 핀다면 어떤 모습일까?'라는 질문을 하고 이 질문에 틸다가 내놓은 결과물(패턴)을 반영해 의상을 제작했다. 그녀가 제작한 200여 개의 의상은 틸다가 창작한 3,000여 장의 이미지와 패턴을 기반으로 제작되었으며, 인공지능과의 협업에 사람들의 관심이 집중되었다. 패션계에서도 멋진 작품으로 호평을 받았다.

생성형 인공지능은 누구나 접근 가능하며, 실제로 이를 사용해 이미지를 만들거나 자료를 찾고, 글을 쓰는 사람들이 있다. 그리고 그 작업물로 돈을 버는 사람들도 있다. 미드저니의 경우 매월 적은 이용료로 다양한 이미지를 생성할 수 있는데 이용자의 질문에 의해 다양한 결과물을 얻어낼 수 있고 질문 수준에 따라 제작되는 이미지의 품질도 천차만별이다. 결국 생성형 인공지능 도구를 사용하는 사람의 능력에 따라 만들어지는 콘텐츠의 수준이 달라지는 것이다. 이렇게 해서 만들어진 이미지에 전문가의 터치가 더해지면 작품의 수준은 한 차원 더 높아진다. 전문가의 인공지능 솔루션 핸들링 역량과 해당 분야의 전문성이 더해져 고품질의 작업물을 빠른 속도로 만들어낼 수 있다. 이러한 비즈니스 기회를 감지하고 생성형 인공지능

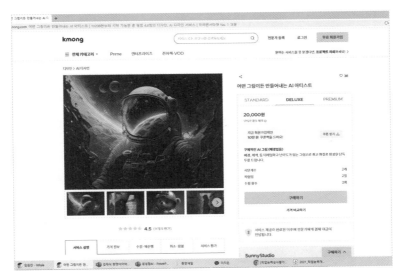

[그림 3] 크몽에 올라온 이미지 생성 조견표

을 이용해 대신 이미지를 만들어주고 돈을 버는 사람들이 등장하고 있다. 현대판 봉이 김선달의 돈 버는 방법이다.

인공지능의 주인이 되는 역량

글을 모르는 사람은 정보에서 분리되고, 정보에서 분리되면 권력에서 분리되며, 결국은 소외계층이 되는 경우가 많았다. 소외계층에서 벗어나 권력을 쥐기 위해 우리는 교육에 힘써왔다. 이런 측면에서 새롭게 등장한 소통 도구를 알지 못하면 좋은 직업군을 갖지 못하는 문제를 비롯해 많은 문제가 생길 것이다. 인공지능도 마찬가지다. 인공지능의 알고리즘은 알지 못해도 그것을 활용할 수 있는 능력을 키워야 한다.

인공지능이 인간의 일자리를 빼앗아 갈 것이라는 예측에 관해 절반은 동의하고 절반은 동의하지 않는다. 사람에 따라 달라질 것이기 때문이다. 인공지능보다 생산성이 낮은 사람이라면 기계에 일자리를 빼앗기게 될 것은 자명한 사실이다. 다만, 기계를 쓰는 것보다 인간을 활용했을 때 투입되는 비용이 낮다면 기술과 관계없이 인간이 그 일을 대체하게 될 것이다. 다만 그러한 일자리 중에 상당수는 저임금의 직종일 가능성이 크다. 인공지능이라는 거인의 어깨에 올라타 더 많은 생산적이고 창의적인 활동을 할 수 있다면 인공지능은 아주 훌륭한 비서이자 강력한 작업도구로 우리에게 다양한 기회를 제공할 것이다.

4.
교사라는 직업은 안전한가?

　　학교 현장에서 살펴볼 직업으로는 교사가 있다. 인공지능은 물론 메타버스 등 새로운 기술이 도입되는 학교에서 교사라는 직업은 과연 안전할까? 직업 자체의 존속성을 의미한다면 오히려 더욱더 중요해진다고 말할 수 있다. 이 부분을 설명하기 위해 사례를 살펴보기로 하자.

　　인공지능이 교육과 연계된 사례는 큐비나 아카데미가 대표적이다. 큐비나 아카데미는 인공지능 기반의 수학 학원이다. 실리콘밸리의 IT 전문가 젠노 겐키가 일본으로 돌아가서 만든 학원이다. 이 학원은 수업 시간에 선생님이 등장하지 않는다. 학생들은 태블릿 PC 기반으로 일대일 맞춤형 학습을 진행한다. 선생님은 단지 모니터링만 할 뿐이다. 학생들은 학원에서 자신의 수준에 맞는 문제를 푼다. 문제를 풀 때는 태블릿 PC에 적게 하는데, 이 풀이 과정을 인공지능이 그대로 읽어서 학습자의 현재 수준을 진단한다. 그리고 이 진단을 바탕으로 학습자 성장 단계에 맞는 다음 문제를 풀게 하는 방식으로 교육이 진행된다.

일본 학습지도 요강에 따르면 중학교 1학년 수학 수업 시간은 140시간으로 정해져 있다. 학원에 다니고 숙제하는 시간을 60시간이라고 하면, 1년에 200시간이다. 하지만 큐비나는 평균 학원 강습 시간이 24시간이며, 숙제를 하는 데 8시간이 걸린다. 이 32시간만으로 중학교 1학년 수학을 숙달하게 해준다. 인공지능을 활용해서 학습 속도를 7배 빠르게 만드는 것이다. 또한 이 학원에서 공부한 학생의 80%가 성적이 향상되었다고 말하고 있다.

그 비결은 데이터에 있다. 큐비나가 쌓아가는 데이터는 해답 데이터만이 아니다. 학습의 모든 과정을 데이터화해서 쌓아가는 것이 가장 큰 핵심역량이다. 손으로 적은 메모 계산 과정, 해답에 필요한 시간, 힌트를 읽었는지 그렇지 않은지까지 데이터화 한다. 이를 통해 특정 문제를 우연히 맞혔을 뿐, 아직 의심스럽다고 인공지능이 판단하면 유사 문제가 출제되는 형식이다. 오답이라면 문제가 틀렸다고 넘어가지 않고, 계산 과정에서 어느 부분을 어려워했는지, 어디서 실수했는지 분석해준다. 그리고 그에 대한 대책을 마련해주는 형식으로 학습이 이루어진다.

얼핏 보면 이 학원은 선생님이 필요해 보이지 않는다. 하지만 젠노 겐키 원장은 코치coach라는 선생님을 두고 있다. 가르치고 기억시키는 일은 인공지능이 더 잘한다. 선생님은 그 역할 말고 더 높은 역할을 해야 한다며 코치 역할을 부여하고 있다. 아이들은 반드시 코치 한 명과 함께한다. 코치는 아이들에게 학습 목표를 부여하고, 목표 달성 방법을 제시하는 역할을 한다. 그리고 학습에 방해가 되는 것은 제거해주기도 한다. 아울러, 아이들과 공감하고 칭찬하고 격려하는 역할을 한다. 또한 아이들의 학습은 자기 주도로 진행할 수 있도록 하며, 한 번의 수업에 반드시 2회 이상 소통을 진행한다. 이 역할은 인공지능이 못 하는, 사람만이 할 수 있는 역할이다.

큐비나 아카데미는 사람과 인공지능 최적의 조합을 만들어 아이들을 학습시킨다. 그 결과 학습 속도 7배라는 최상의 결과를 내고 있다. 또한, 수학이라는 어려운 과목을 일대일 맞춤으로 진행하기 때문에 낙오되는 아이들 없이 모두 이끌고 갈 수 있다. 칸아카데미에서 운영하는 인공지능 기반의 학교인 실리콘 밸리의 칸랩스쿨 Kahn Lab School 또한 이런 시스템을 가지고 있다. 인지 영역은 디지털과 함께 학습하고, 선생님은 학습 목표를 설정하고 관리하며 학습 동기를 유발하는 일을 한다. 여기에 그치지 않고 4차 산업혁명 시대에 중요한 역량을 키우기 위해 프로젝트 학습과 협력 학습을 함께 해주는 역할을 한다.

교사는 가르치지 않는다

우리 아이들의 성장, 그리고 미래 인재의 육성이라는 측면에서 인공지능이 가르치는 게 옳은가, 아니면 사람이 가르치는 게 옳은가는 중요하지 않다. 한 사회의 미래를 육성해 나가는 부분에서는 수단과 방법을 가리지 말아야 한다. 가장 잘 성장하고 육성하는 방식으로 최적의 학습 조합을 만들어가야 한다.

큐비나 아카데미는 이러한 측면에서 미래 교사의 역할을 엿볼 수 있게 해준다.

미국의 교육심리학자 벤저민 블룸Benjamin S. Bloom이 만든 학습 목표의 위계 이론이 있다. 학습 목표에는 위계가 있는데 기억-이해-적용-분석-평가-창조의 단계를 말한다. 교육의 가장 상위 목표는 학습자로 하여금 분석하고 평가하고 창조하게 만드는 데 있다고 말한다. 하지만, 지금의 교육 구조는 입시라는 목표로 인해 기억하고 이해하는 데 집중된 것이 사실이다. 이런 구조상 선생님들은 아이들과 함께 분석하고, 창조하는 것을 도와주는 매우 중요한 목표보다는 입시를 위해 달달 외도록 하고 이해시키고 반복 연습을 시키는 데 집중한다. 인공지능 등 에듀테크는 하위 목표인 기억하고 이해시키는 선생님의 역할을 대체할 수 있다. 하지만 상위 교육 목표 영역은 인간만이 할 수 있는 영역이다. 앞으로 교사는 여기에 집중해야 한다.

밥 모셔Bob Mosher와 콘래드 고트프레드슨Conrad Gottfredson의 '학습이 필요한 순간Moment of Need' 이론 또한 이를 뒷받침해 준다. 교육이 필요한 시점을 의미하는 이 이론은 처음 배울 때, 더 알고자 할 때, 적용하려 할 때, 무언가 문제가 생겼을 때, 큰 변화가 필요할 때 학습자들이 교육을 찾는다고 말한다. 그런데 지금까지의 교육은 처음 배울 때만을 지원해왔다. 미래의 교육은 문제가 생겼을 때, 무언가 큰 변화가 필요할 때 지원이 중심이 되어야 한다. 인공지능 등 새

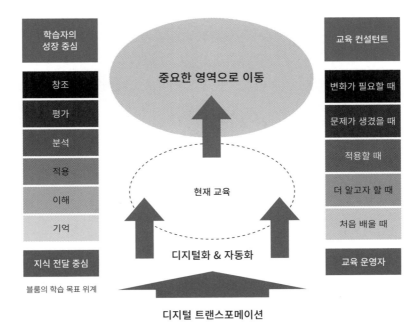

[그림 4] 4차 산업혁명 시대 변화하는 교사의 역할

로운 기술이 처음 배웠을 때와 더 배우고자 할 때 학습자를 충분히 지원해줄 수 있다. 그러므로 교육자와 선생님은 하위 영역이 아닌 더 큰 도움이 필요한 영역으로 옮겨 가야 한다는 뜻이다.

　미래 학교의 역할은 더욱 중요해질 것이다. 입시가 목표일 때 교사의 역할은 강의하고 행정 업무를 하는 것으로 축소될 수밖에 없었다. 하지만 창의적인 인재, 종합적 사고의 인재, 4차 산업혁명을 이끌어가는 인재를 길러내는 목표를 가진 학교에서 교사의 역할은 필연적이다. 암기시키고 이해시키는 역할은 에듀테크에 맡기고, 상위 목표인 분석·평가·창조하도록 돕고 아이들 개개인의 학습 목표를 설정해주며, 학습관리 및 코칭, 학습 동기를 부여하는 더욱더 중요한 역할을 맡을 것이다.

변화하는 교사의 역할

그렇다면 앞으로 교사는 어떤 역할을 담당하게 될까? 지금까지는 가르치는 것이 교사의 역할이었다면 미래에는 학습 커뮤니티를 종합적으로 관리하는 역할을 하게 될 것이다. 이런 역할의 의미에 대해 살펴보고자 한다.

우선, 교육자가 콘텐츠 개발자에서 콘텐츠 큐레이터로 변화해야 함을 의미한다. 유튜브나 포털사이트에는 교육적으로도 좋은 콘텐츠가 넘쳐나고 있다. 모든 콘텐츠를 직접 개발하는 것이 아니라 더 좋은 콘텐츠가 있다면 이것을 큐레이팅해주는 것으로 학습자들에게 최고의 교육을 선사할 수 있을 것이다.

둘째, 프로그램 관리자에서 상호 작용 촉진자로의 역할이 변한다. 학습자들이 교육 프로그램을 잘 따라오는지 관리하는 역할이 아니라 학생들이 더 많이, 더 효율적으로 배울 수 있도록 유도하는 것을 의미한다. 학생과 학생, 교사와 학생, 학생과 디지털 매체 등 다양한 방법으로 상호 작용을 설계하고 촉진해주어야 한다.

셋째, 전문가 역할에서 연결자 역할로 한 단계 더 나아가야 한다. 학습자에게 필요한 부분을 전문가로서 알려주는 역할은 매우 중요하다. 여기서 확장해 새로운 경험과 인사이트를 줄 수 있는 자료,

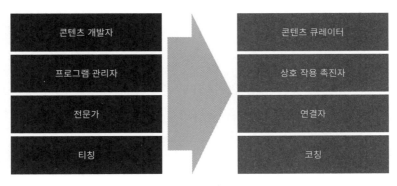

가르치는 교사	학습 커뮤니티 매니저
콘텐츠 개발자	콘텐츠 큐레이터
프로그램 관리자	상호 작용 촉진자
전문가	연결자
티칭	코칭

[그림 5] 교육보다 관리가 중요해지는 미래 교사의 역할

사람, 영상 등을 지속적으로 연결해주고 학생들의 배움이 한 단계 더 나아갈 수 있도록 도와주는 것이다.

마지막으로 그동안 교사와 학생의 관계가 티칭teaching이 중심이 었다면 앞으로 코칭이 중심이 되어야 한다. 스탠퍼드 대학교의 교육 공학자 폴 김Paul Kim 교수는 "티칭하려면 티칭하지 말아야 한다"라고 말한다. 자기 스스로 깨닫고 배움을 창출했을 때 그 배움이 오래 가기 때문에 일방적인 가르침을 최대한 자제하라는 것이다. 즉, 지나친 티칭은 오히려 배움에 방해가 되기도 한다. 이처럼 학습자 스스로 배우고 성장할 수 있도록 적절한 방법과 적절한 시기에 코치 역할을 해주는 부분이 앞으로의 교육에 더욱 강조될 것이다.

복잡해지고 변화의 속도는 가속화되며 디지털화된 세상에서 학습자들의 혼란은 상상을 초월한다. 지금 자신이 무엇을 공부해야 하는지, 어떻게 공부해야 하는지 전혀 감을 잡지 못하고 있다. 이런 시점에서 교사가 학생들에게 방향을 제시해야 한다.

　미래의 학교에서 교사라는 직업은 사라지지 않지만, 그 역할은 대폭 바뀔 것이다. 기존의 역할은 인공지능과 가상현실 등 기술이 대신하게 되며, 교사는 더욱 확장된 역할을 통해 학생들이 자신의 능력과 수준에 맞춰 최적의 교육을 받을 수 있도록 돕고 창의적 인재, 빠른 변화에 적응해 살아남을 인재를 키우는 코치가 될 것이다.

　다시 말해 교사는 디지털 기술과 결합하여 지금보다 더 중요한 역할을 맡게 될 것이며 교육의 효과를 더욱 높여 줄 것이다.

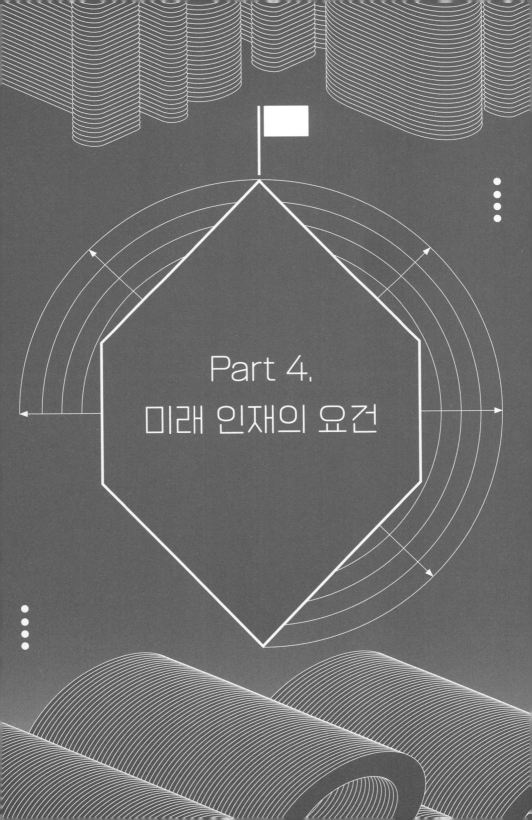

Part 4.
미래 인재의 요건

1.
달라진 직장 풍경,
달라진 인재 요건

 기업인과 만나는 자리에 가보면 "일할 사람 구하기가 힘들다" "사람 좀 구해달라"는 말을 많이 듣는다. 스펙은 부족해도 사람만 괜찮으면 키워서 쓸 테니 구해달라는 것이다. 4차 산업혁명으로 자동화, 디지털화가 진전되면서 이른바 '기술 실업'이 팽배해지고 있는 상황에서 일어나는 구인난이라니, 참으로 아이러니하다.

 현재의 노동시장은 과거와는 다른 양태를 나타내고 있다. 과거 노동시장은 한번 들어가면 정년퇴직할 때까지 일하는 '평생, 직장'의 개념이었던 것이, 1997년 금융위기 이후 크게 바뀌었다. 회사는 능력 없는 직원을 자르고, 능력 있는 직원은 더 좋은 회사로 이직하는 것이 일반적인 풍경으로 변했다. 그리고 지금, 노동시장은 다시 한번 변화를 맞이하고 있다. 디지털 전환, 팬데믹 등으로 유연근

무제나 원격근무처럼 근무 환경이 바뀌는 변화도 있는가 하면, 정직원 대신 계약직, 시간제근로 등으로 일자리를 채우는 긱 이코노미gig economy의 형태도 일반화되고 있다.

　　노동시장은 산업의 변화, 기술의 변화에 따라 마치 살아 있는 생물처럼 그 모습을 바꾼다. 지금의 아이들이 직업을 구하게 되는 미래에는 또 우리가 상상할 수 없는 모습으로 변할 수도 있다. 다만 분명한 것은 본격적인 교육을 마치게 되면 직업을 구해야 한다는 점이다.

고용 있는 침체

　　과거 십수년간 우리 경제는 '고용 없는 성장'이 키워드였다. 국가 경제가 전체적으로 성장해 생산은 늘었지만, 그에 비례해 고용이 늘어나지 않는 것을 말한다. 인건비를 줄이기 위한 키오스크의 등장 등 기술의 발전이 고용을 오히려 줄이는 현상이 여기에 속한다. 한편 미래에는 경제성장률이 낮아지고 경기가 침체한 와중에 실업률이 떨어지고 기업이 구인난에 시달리는 '고용 있는 침체jobful recession'가 올 것이라고 전문가들은 이야기한다.

　　'고용 있는 침체'의 원인은 복합적이지만, 디지털 전환 등 산업구조의 급격한 변화와 베이비붐 세대의 빈자리를 메워줄 청년 노동력의 부족, 저출산 등이 구인난을 심화하고 있다. 구인난은 분야를 가리지 않는다. 전통적인 제조업부터 IT 업종까지 사람을 구할 수 없다고 난리다. 미국과 유럽도 똑같은 상황에 직면해 있다.

고용 있는 침체는 구직자에게 기회다. 노동력에 대한 견고한 수요가 있는, 한마디로 일자리가 있는 침체로 구직자가 마음만 먹으면 얼마든지 취업이 되는 상황이다. 구직 희망자는 기업에서 원하는 역량을 갖추고 취업에 대한 눈높이만 낮춘다면 취업에 성공할 수 있다. 비전공자도 전공자만큼 전문역량을 쌓을 수 있도록 직업 훈련 체계가 잘 갖추어져 있고, 실제로 소프트웨어 전문교육을 통해 플랫폼 기업에 성공적으로 취업하는 사례도 쉽게 확인된다.

한편 취업시장에는 시대에 따라 요구되는 '바람직한 인재상'이 있다. 취업시장에 진입하기 직전 단계인 실업계 고교나 대학, 직업훈련기관에서 사회가 요구하는 역량을 길러주고 기업의 인재상에 부합하도록 단단히 조여주어야 한다. 이것이 교육의 역할 중 하나다.

변화하는 인재상

'인재상'은 조직의 목표 달성을 위해 구성원에게 요구되는 바람직한 모습으로, 취업에 필요한 학력, 학점, 토익 점수, 자격증 등 스펙보다 크고 넓은 의미로 사용된다. 인재상은 시대 특성을 반영하며 지속적으로 변화해오고 있다.

팬데믹이 한창이던 2021년, 국내 인력채용 플랫폼 기업이 조사한 바에 따르면 기업 10곳 중 3곳이 코로나19로 인해 인재상이 변했다고 응답했다. 코로나19 이후 불확실성이 높아지면서 '책임감' '문제 해결 능력' '위기대응 능력' '소통 능력' '성실성'이 중요해졌다.[1] 경영환경의 급격한 변화 속에서 기업은 책임감'이나 '문제 해결 능력'과 같이 매우 구체적이고 실질적인 역량을 필요로 하고 있다. 대한상공회의소도 5년에 한 번씩 100대 기업의 인재상을 조사해 그 결과를 발표하고 있는데[2] 5년 전과 비교했을 때 '책임의식 강조'가 5위에서 1위로 올라섰고 과거에는 없었던 '사회공헌'이 인재상에 새롭게 등장했다. 사회공헌의 대두는 채용시장에 본격적으로 등장한 Z세대의 특성과 관련성이 높다.

한편 기업의 인재상에서 전문성이 차지하는 비중은 크게 낮아져 2위에서 6위로 하락했다. 이는 기업이 전문성을 중시하지 않는다는 의미가 아니라, 구직자의 직무역량이 상향평준화되고 일정 수준이상의 전문성을 갖추고 지원하는 이들이 많아 굳이 인재상으로 강조할 필요성이 적어진 것으로 보인다.

채용시장의 키워드 중 '중고신입' '수퍼루키'라는 말이 있다. 중고신입이란 직장 경력이 있지만 신입 채용에 지원하는 이들을 가리키는 말로, 2~3년 정도의 경력을 가진 근로자가 더 높은 연봉을 받기 위해 대기업에 신입사원으로 지원하는 경우다. 이미 다른 기업에서 어느 정도 사회 경험을 하고 입사하는 '중고신입'은, 스포츠에서 뛰어난 기량이나 활약을 보여 주목받는 신인 선수인 '슈퍼루키'에 비유된다. 신입인데도 맡겨진 일을 척척 해내는 이들은 조직의 비타

---

1   https://magazine.hankyung.com/job-joy/article/202103028806d
2   인재상 조사는 매출액 상위 100대 기업(공기업과 금융업 포함)을 대상으로 이루어지며 2008년부터 5년 주기로 조사가 이루어지고 있다. 이번 발표는 네 번째 조사 결과다.

[그림 6] 키워드로 보는 21세기 인재상

민임에 틀림없다. 기업 입장에서는 주어진 일을 잘하는 수준을 넘어서, 일을 찾아서 하는 센스를 갖춘 일꾼을 찾는 것이 중요해졌다.

기업에서 책임의식을 강조하는 데는 그럴 만한 이유가 있다. 신입 직원 때문에 고충을 겪는 기업과 기존 직원들이 늘고 있기 때문이다. 스펙이 월등히 좋아서 뽑았더니 우수한 스펙에 비해 일머리는 뛰어나지 않거나 책임감이 없는 사람인 경우가 종종 있다. 스펙이 좋은 지원자는 점점 늘고 있지만, 업무 역량과 인성을 제대로 갖춘 인력을 찾기는 쉽지 않은 것이다. 조직에 적응하지 못하고 팀 분위기만 망쳐놓고 직장을 떠나는 신입 직원으로 인해 입는 내상은 엄청나다.

조용한 사직

코로나19 이후 미국에서는 매달 400만 명 이상의 직장인이 자발적으로 퇴사하고 있다. 이러한 현상을 일컬어 '대퇴사great resignation'라고 한다. 이는 2021년 앤서니 클로츠Anthony Klotz 텍사스 경영대학원 교수가 근로자들의 대규모 직장 이탈을 예고한 데서 비롯됐다. 대퇴사의 배경에는 물가 상승과 임금 정체, 직무 불만족, 열악한 근무 환경, 원격근무 회사 선호 등이 있다.

반대로 직장을 그만두지는 않지만 정해진 시간과 업무 범위 내에서만 일하고 초과근무를 거부하는 노동 방식도 일상이 되고 있다. 사람들은 이를 '조용한 사직quiet quitting'이라고 말한다. 이는 20대 엔지니어인 자이드 칸Zaid Khan이 자신의 틱톡 계정에 올린 동영상이 화제가 되면서 확산되었다. 요즘 같은 시기에 IT 개발자는 꿈의 직업이지만, 삶의 목적과 가치를 조직이 아닌 내 삶에서 찾겠다는 선언에 많은 사람들은 열광했다.

얼마 전에 제자 한 명이 최종면접에 성공했다고 연락해왔다. 그가 지원한 회사는 외제 차 공식 딜러 회사의 마케팅 업무를 아웃소싱하는 기업으로, 직원 80명에 연매출은 150억 원 정도 하는 기업이었다. 연봉은 최저연봉에 준하는 수준으로, 중소기업에서의 첫 출발이 괜찮을지 상담을 요청했다.

예전처럼 신입사원을 대량으로 뽑는 시대는 이제 오지 않을 듯하다. 산업구조와 노동시장의 변동이 크다 보니 그때그때 필요한 인력을 뽑아 쓰는 수시채용 및 경력직의 시대가 열렸다. 이를 반영하듯 직원 퇴사율이 계속해서 증가 일로라고 한다. 높은 연봉, 스카우트 제안, 커리어 관리를 이유로 퇴직은 빈번하게 발생하고 있다. 대기업의 경우 직무 전환과 인센티브 제공을 통해 퇴직을 막고 중소기업은 연봉 인상을 통해 직원의 퇴직을 막고 있는 것으로 나타났다.[3]

첫 연봉으로 얼마를 받느냐는 중요하다. 나중에 이직하더라도 이전 직장에서 받았던 원천징수 영수증이 내 몸값을 끌어올릴 수도, 반대로 끌어 내릴 수 있기 때문이다. 경력자의 몸값은 경력과 전 직장의 연봉이 결정한다. 산업구조가 점차 고도화되면서 전문 서비스 직종이 늘어나는 반면 전통산업이나 단순 서비스 직종의 일자리는 빠르게 줄고 있다. 교육을 많이 받아야 하는 직업은 늘어나고 그렇지 못한 직업은 줄어드는 일자리 양극화는 심각한 사회문제다. 구직자들이 취업을 미루거나 빠르게 이직하는 데는 그만한 이유가 있다. 첫 직장의 업무와 급여가 평생 커리어에 영향을 미치기 때문이다. 직장에서의 연봉은 초임을 기준으로 몇 %씩 상승하는 구조이기 때문에 첫 연봉을 어떻게 받느냐에 따라 개인의 급여 격차는 시간이 갈수록 기하급수적으로 달라진다. 그러한 이유로 청년들은 좋은 조건으로 취업을 하기 위해 이른바 '스펙 쌓기'에 사력을 다한다.

하지만 일단은 노동시장에 진입하는 것이 우선 아닐까. 처음부터 고연봉에 핵심 업무를 노리기에는 바늘구멍이 너무 좁은 시대다. 우선 들어가서 내가 원하는 방향으로 경력을 쌓는 것도 좋은 방법이다. 상담을 청해온 제자의 경우, 외제 차 공식 딜러 회사의 마케팅 업

---

3 https://www.jobkorea.co.kr/goodjob/tip/view?News_No=18648&schCtgr=120001

무를 하게 된다면, 선진 마케팅 기법을 배울 수 있고 향후 전직 기회가 많아질 것이다. 회사도 현재 성장 단계에 있고, 디지털 마케팅 인력에 대한 수요는 꾸준하기 때문이다. "3년간 열심히 노력해서 팀장이 되거나, 최대한 많이 배우고 많이 경험해서 몸값을 높인 후 더 좋은 데로 가자." 이것이 내 답이었다.

변화는 산업계에 가장 먼저 찾아온다. 산업구조가 점차 고도화되면서 전문 서비스 직종이 점차 늘어나는 반면 전통산업이나 단순 서비스 직종의 일자리는 빠르게 줄고 있다. 교육을 많이 받아야 하는 직업은 늘어나는 반면 그렇지 못한 직업은 줄어드는 일자리 양극화는 심각한 사회문제다. 구직자들은 일자리가 없다고 말하고, 기업은 일할 사람이 없다고 한다. 여기에는 교육의 책임도 없다고 할 수 없다. 일자리의 수요에 맞춰 발 빠르게 교육의 방향을 전환하고, 학습자들의 마인드를 변하는 시대에 맞춰 새롭게 리셋하는 것도 교육의 범위에 속하기 때문이다. 이것은 미래가 요구하는 인재를 길러내는 일이기도 하다. 미래에는 과연 어떤 인재가 필요할까. 4부에서 알아보도록 하겠다.

2.
실패를 두려워 않는
오뚝이 인재

우리나라의 교육열이 높다는 사실은 세계적으로 널리 알려져 있다. 덕분에 문맹률이 광복 직후 약 78%에서 현재 1%로 전 세계에서도 문맹률이 가장 낮은 나라로 성장했다. 교육이 가난을 벗어나게 해줄 유일한 탈출구라는 희망 아래 우리나라는 교육에 유달리 정성을 쏟았고 이는 지금도 계속 이어지고 있다.

그런데 자녀의 장래를 위해서, 좋은 직장에 취직해 여유롭고 행복한 삶을 누리기 위해서 참여하는 교육이 정작 우리를 불행하게 만들고 있다. 이는 교육, 특히 청소년을 대상으로 하는 교육이 '입시'에만 초점을 맞추고 있기 때문이다. 학생들은 입시 지옥과 학교 폭력에 노출되어 있고, 이들은 또래 집단과의 갈등, 학업 성취에 대한 부모의 과도한 기대, 인생의 성공과 실패를 대학 졸업장으로 판단하는 우리 사회의 편견으로 인해 감당할 수 없을 정도의 스트레스를 경험하고 있다. OCED 국가를 기준으로 우리나라 학생들의 학업성취도는 매우 높은 편이나 자기효능감은 낮은 편이다.

청소년의 자살률이 또한 심각한 수준이다. 국가통계포털Korean Statistical Information Service: KOSIS 자료에 따르면 2021년의 청소년 자살시도율은 평균 2.2%로 100명 중 2명 이상이 자살을 시도했음을 의미한다. 우울증과 불안감을 먹고 자라는 자살 충동은 사회를 병들게 하는 심각한 사회문제임이 틀림없다. 특히 청소년의 자살은 더 큰 무게감으로 다가온다. 왜 이들은 자살을 시도할까?

자기효능감은 내가 믿고 있는 것과 특별한 상황에서 자신의 행동 능력에 대한 믿음을 말한다. 일반적으로 학업성취도가 높으면 자기효능감도 높아야 하는데 우리는 그렇지 못하다. 이는 자발적 동기가 아닌 외부적인 동기에 의해 공부하기 때문이며, 실패에 대한 과도한 걱정으로 자기효능감이 바닥을 치기 때문이다.

과거나 현재나 학업성취도가 출세의 지름길로 여겨지고 있다. 단 한 번의 실수로 갈 수 있는 대학이 달라지고, 이것이 곧 인생의 실패로 여겨지는 상황에서 아이들은 작은 실수 하나에도 민감하게 반응한다. 자기효능감이 높은 아이들이 성취도도 높기에 어릴 때부터 긍정적 성취감을 충분히 경험할 수 있어야 하고 그 가운데 크고 작은 실패 경험도 해봐야 한다. 그래야 스트레스 상황에서 심리적 안정감을 유지하고 스트레스에 내성을 키울 수 있다. 우리는 이것을 회복탄력성이라고 말한다.

회복탄력성

회복탄력성이란 부정적 상황을 극복하고 원래의 안정된 심리적 상태를 되찾아가는 성질이나 능력을 말한다. 회복탄력성의 원어인 '레질리언스resilience'는 '탄성', '복원력'을 뜻하는 용어로 인문 분야에서는 역경이나 어려움으로부터 스스로 회복하는 힘을 말한다. 회복탄력성이 높은 사람일수록 자신의 실수를 정확하게 알아차리고 빠르게 제자리로 돌아오며 두려움 없이 새로운 시도를 한다.

회복탄력성은 뇌의 신경가소성[4]을 기반으로 한다. 우리의 뇌는 생각과 행동, 경험의 변화에 적응해 계속 변하는데, 긍정적 경험과 성공을 반복적으로 생각하면 이와 관련된 신경연결 회로가 자라나고 뇌는 긍정성에 집중함으로써 우리가 역경을 이겨내고 우리를 억누르는 상황을 받아들일 수 있게 만든다.

미국 노스웨스턴 대학교의 그레고리 밀러Gregory E. Miller 박사팀은 뇌 이미지 처리 연구를 통해 회복탄력성과 뇌의 관계를 탐색했다. 선행 연구에 따르면 위험한 상황에서는 심각한 스트레스를 받게 되므로 범죄율이 높은 지역에 거주하는 사람들은 주로 건강이 좋지 못하다고 설명하고 있다. 연구팀은 범죄율이 높기로 유명한 시카고에 거주하는 220명의 청소년 참가자를 모집했고 이들의 심혈관질환 위험도를 측정한 후 fMRI를 통해 참가자의 뇌 활동도를 관찰했다. 예상대로 우범지대에 사는 청소년들은 건강 상태가 좋지 못했다. 그

---

4   성장과 재조직을 통해 뇌가 스스로 신경 회로를 바꾸는 능력.

러나 그 와중에 건강을 유지하는 청소년들이 있었는데, 이들은 뇌 신경망 네트워크가 더 강하게 연결되어 있음을 확인했다. 이곳은 우리가 무언가에 집중할 때 활성화되는 부위로, 부정적 감정의 연상을 억제하는 역할을 한다. 연구진은 범죄율이 높은 지역에 살더라도 높은 회복탄력성을 가진 사람들은 스트레스에 효과적으로 대처한다는 결론을 도출했다.

이처럼 회복탄력성은 개인의 약점을 극복하고 환경에 유연하게 대응하도록 도와준다. 타고나는 개인의 성질이 아닌, 경험의 축적과 시간의 흐름에 따라 회복탄력성은 힘을 받는다. 우리가 사는 삶은 크고 작은 시련의 연속이다. 불행과 역경을 이기고 오뚝이처럼 다시 일어나게 하는 힘을 키우면 여러 가지 역경을 견뎌낼 뿐만 아니라 실패를 기회 삼아 크게 성장할 수 있다. 적당한 스트레스는 환경과의 상호 작용 속에서 신체적으로나 심리적으로 균형을 유지해 줌으로써 삶에 적응해 나가는 에너지로 작용한다. 역경을 극복하는 과정에서 형성된 회복탄력성은 우리 삶을 풍부하고 역동적으로 만들어준다.

대학생에게도 회복탄력성은 중요한 역량이다. 조보람과 이정민(2019)의 연구에서는 스트레스, 사회적 지지, 회복탄력성이 대학 생활 적응에 영향을 미치며, 특히 회복탄력성의 영향력이 가장 높은 것으로 나타났다.

교사에게도 회복탄력성은 중요한 덕목이다. 학생의 무례한 행동에 교사도 감정이 폭발하고 학부모가 보낸 문자에 전전긍긍하는 교사를 주변에서 많이 봤다. 가르치는 사람이나 배우는 사람이나 극한의 스트레스를 받는 상황에서 회복탄력성은 좋은 학업 성과를 내도록 하는 매우 중요한 덕목이다. 회복탄력성이 우리 삶의 위험과 스트레스를 근본적으로 제거하지는 않지만, 효과적으로 다룰 수 있도록 해준다는 점에서 우리가 갖추어야 할 중요한 역량으로 보인다.

실패에 관한 두 가지 관점

회복탄력성이라는 말에서 알 수 있듯이, 이 능력은 실패했을 때 비로소 그 힘을 발휘한다.

신이 아니기에 우리는 실패를 경험할 수밖에 없다. 그런데 이 실패를 방치해서는 안 된다. 실패의 부정적인 효과는 확대 재생산되어 눈덩이처럼 커지고, 실패에 대한 사회의 낙인이 여전히 엄청나기 때문이다. 그래서 조직과 개인은 실패를 숨기는 데 급급하고 그로 인해 똑같은 실패가 반복되고 있다. 이러한 배경에서 '실패학'이라는 학문이 등장했는데, 이 때문에 실패를 당연하게 여기고 가벼운 실패쯤은 수용하는 분위기가 만연하기도 했다. 어떠한 일이든 초기에는 발생 가능한 실패를 감내해야 한다. 하지만 시간이 흐를수록 실패는 점점 줄어들어야 하며, 최종 종착지에서는 실패해서는 안 된다. 실패를 당연시하다가는 성공으로 가는 길에서 멀어진다. 이를 위해서는 실패했을 때 실패의 원인이 무엇이었는지를 명확하게 아는 것이 중요하다. 우리가 문제 상황에서 어떻게 행동해야 할지를 알고 실천할 때 비로소 반복되는 실패를 끊어낼 수 있다. 역경을 이겨내면 마음 근육이 커지지만, 반복되는 실패 경험은 회복할 수 없는 큰 상처로 남을 것이기에 실패에 대한 수용과 함께 엄격성을 유지하는 일이 중요하다.

마음 근육을 단련하는 방법

게일 가젤Gail Gazelle 박사는 극심한 스트레스와 우울증, 번아웃에 빠진 의사들을 대상으로 회복탄력성 훈련을 해왔다. 그는 어린 시절에 가정폭력의 피해자로 힘든 시기를 보냈지만, 회복탄력성을 높이는 노력을 통해 자신의 고통을 극복했고 그 경험을 토대로 회복탄력성 컨설팅을 하고 있다.

그는 자신의 경험을 바탕으로 회복탄력성을 강화하는 대인관계, 유연성, 끈기, 자기조절, 긍정성, 자기돌봄 스킬을 제시했다. 이중 유연성은 상황과 사물을 새로운 시각으로 바라보고 자신의 상황을 객관적으로 바라보는 능력이다.

실패의 원인을 자신에게서 찾으면 안 된다. 세상은 변하고 나쁜 일은 일어나게 마련이며, 주변의 불행이나 실패에 내 영향력은 생각보다 작기 때문이다. 변화를 현실로 인정하면 패배의식에서 벗어나 성장하는 또 다른 기회를 얻을 수 있다. 유연성을 개발하기 위해 사물을 촘촘하게 들여다보는 현미경과 문제를 멀리서 조망하는 망원경을 준비해야 한다. 이 두 개의 렌즈는 직접적인 경험뿐만 아니라 독서와 학습을 통해 쌓인 간접 경험을 통해서도 맑게 유지할 수 있다.

자기합리화의 늪에 빠지지 말아야

일부는 회복탄력성을 자기합리화로 보기도 하는데, 전혀 그렇지 않다.

중국의 작가 루쉰魯迅의 소설인 《아큐정전阿Q正傳》에서는 모욕을 당해도 저항할 줄을 모르고 오히려 머릿속에서 '정신적 승리'로 탈바꿈시켜 자기합리화를 하는 아큐의 이야기가 나온다. 결국 아큐는 권력과 술수에 희생되는 비극적 결말을 맞이한다. 세상을 아전인수격으로 바라보는 아큐의 정신 승리법은 타인에게 받을 수 없는 존중을 스스로 만들어내는 것으로, 자기합리화의 전형을 보여준다. 반대로 회복탄력성은 실패를 성공에 도달하기 위해 거칠 수 있는 하나의 과정으로 인정하게 만드는 것이지, 실패를 당연시하는 염세주의와는 결이 다르다.

불확실성이 강한 상황에서는 실패 확률이 높아진다. 이럴 때는 실패를 계획적으로 관리해 실패의 반복을 끊어낼 힘을 길러야 한다. 그 힘이 바로 회복탄력성이다. 회복탄력성은 긍정적 마인드와 분석 능력, 배우는 힘을 통해 강화된다. 지도도 없이, 연료를 채우지 않은 상태에게 앞만 보고 계속 달려가면 목적지에 다다르지 못하고 결국 에너지가 바닥난다. 회복탄력성도 계속되는 실패만으로는 에너지가 바닥날 수밖에 없다. 지금 이 순간, 당신의 회복탄력성의 연료 게이지는 어디에 눈금을 맞추고 있는가?

3.
애자일 역량과 성장 마인드셋

디지털 시대에서 변화의 흐름은 지속적으로 이어지고 있으며 복잡성과 상호의존성 또한 계속 증가하고 있다. 이러한 변화는 변화에 빠르게 적응하고 변화에 맞게 지속적으로 성장하는 역량의 요구를 증대시키고 있다. 이렇게 변화에 시대 주목받는 역량이 애자일 agile 역량과 성장 마인드셋mindset이다.

애자일 역량은 복잡하고, 빠르게 변하는 환경에서 현명하고 효과적으로 행동하는 능력을 의미한다. 애자일이라는 단어는 '기민한, 민첩한'이라는 의미를 담고 있는데, 변화의 속도가 빠른 환경 속에서 현명한 생존을 위한 키워드로 자리 잡고 있다.

애자일 역량은 크게 네 가지로 구성된다. 우선 자기인식 애자일 역량으로, 자신의 역량을 스스로 잘 파악하고 타인에게 적극적으로 피드백을 받는 것을 의미한다. 둘째는 이해관계자 애자일 역량으로 타인과 공감하며, 업무과 관련된 다양한 관계에 민감하게 인식하는 능력을 의미한다. 샛째는 상황적 애자일 역량으로 상황의 변화와 환경 변화를 인지하고 의미 있는 목적을 파악하는 역량을 말한다. 마지막은 창조적 애자일 역량으로 좋은 아이디어를 찾아내고 연결하는 것을 의미한다.

애자일 역량은 이 네 가지가 종합적으로 작용하며, 각각의 역량을 높이는 노력이 필요하다. 애자일 역량은 타고나는 것이 아니다. 이 역량은 꾸준하고 의도적인 개발이 필요하다.

변화에 기민하게 대응하는 애자일 역량

애자일 역량에서 가장 필요한 것은 변화에 열려 있어야 한다는 점이다. 열린 마인드가 변화에 기민한 대응인 애자일 역량을 출발점이기 때문이다.

에드워즈 데밍Edwards Deming에 의해 주도된 품질혁명의 중심에 있었던 SPC 이론Statistical process control, 통계적 공정관리은 일본에서 꽃을 피웠지만, 실제로 미국에서 개발된 이론이다. 데밍이 AT&T에 근무하던 시절 자신의 상사인 월터 슈와트Walter Shewhart에 의해 개발된 이론이었다. 데밍은 제2차 세계대전 기간 동안 미국의 제조업체들을 상대로 SPC 이론의 보급에 힘썼다. 실망스럽게도, 전후 시대의 미국 산업계는 SPC 이론을 받아들이지 않았다. 당시 미국의 제조업계는 품질과 물량 어느 면에서나 세계 시장을 주름잡고 있었기 때문에, 현상에 만족하고 있었고 종래의 경영방식을 바꾸고 싶지 않았던 것이다.

하지만 일본이 경우는 전쟁의 결과로 전 국토가 초토화되고, 자원은 턱없이 부족했다. 또한 당시 일본의 상품은 조악하고 형편없는 수준이었다. 그들은 새로운 변화를 갈망하고 있는 상태였다. 이러한 일본에 데밍의 SPC 이론은 빛과 같은 존재였다. 일본 기업들은 데밍의 이론을 적극적으로 수용했고, 1950년부터 1970년까지 1만 5,000명에 가까운 엔지니어와 공장 관리자들이 데밍의 이론을 전수받았다.

이러한 품질혁명은 일본의 산업계를 근본적으로 바꾸어 놓았고, 일본 기업이 오토바이, 소형 자동차, 저가 손목시계 등의 세계 시장을 하나씩 점령하는 기반이 되었다.

1970년대 후반, 일본 기업들에 시장을 빼앗기는 충격을 경험하고서야 미국 기업들도 데밍의 이론을 도입하기 시작했다. 미국이 개발한 이론이지만, 변화를 수용하지 못해 뒤늦게 도입하는 격이 되었다. 데밍이 SPC 이론을 산업 현장에 보급할 당시 세계 시장을 주름잡고 있던 미국 기업은 자만심에 빠져 변화에 열려 있지 못했다. 하지만 일본의 경우 변화를 원하고 적극적으로 수용했기에 전쟁의 아픔에서 비교적 빨리 회복하고 선진국 대열에 끼어들 수 있었다.

변화에 열려 있는 자세는 중요하다. 변화는 우선 변화를 수용해야 시작되기 때문이다. 애자일 역량 또한 이런 변화에 대한 열린 자세부터 출발한다.

200

고정 마인드셋 vs. 성장 마인드셋

스탠퍼드 대학교의 심리학과 교수 캐럴 드웩Carol Dweck은《마인드셋》이란 책에서 성공한 사람들을 40년 동안 연구하며 그들의 성공 비밀을 밝히고자 했다. 그의 결론은 성공한 사람과 실패한 사람을 가르는 핵심 요인이 마인드셋에 있다는 것이었다.

마인드 셋은 고정 마인드셋과 성장 마인드셋으로 구분한다. 드웩 교수는 실패한 사람들은 고정 마인드셋을, 성공한 사람들은 성장 마인드셋을 가지고 있다고 했다.

고정 마인드셋을 가진 사람은 재능이 정해져 있다고 생각하지만, 성장 마인드셋은 재능이 늘 성장할 수 있다는 기본 전제를 가지고 있다. 고정 마인드셋의 사람들은 남들에게 똑똑하게 보이고 싶은 욕구를 가졌지만, 성장 마인드셋을 가진 사람들은 더 많이 배우고 싶다는 욕구를 가지고 있다. 고정 마인드셋을 가진 사람들은 일반적으로 도전을 피하고, 역경 앞에서 쉽게 포기하며, 남의 성공에 위협을 느낀다. 반대로 성장 마인드셋을 가진 사람들은 도전을 받아들이고, 역경에 맞서 싸우며, 남의 성공에서 교훈과 영감을 얻는다.

둘의 차이점에서 살펴보듯 우리가 갖춰야 할 것은 성장 마인드셋이다. 그렇다면 성장 마인드셋은 어떻게 증대시킬 수 있을까? 이 부분에 관해 함께 살펴보도록 하자.

첫째, 성장의 기회는 언제나 존재한다는 생각이 중요하다.

사회학자 벤저민 바버Benjamin Barbar는 "세상은 강자와 약자, 또는 승자와 패자로 구분되지 않는다. 다만 배우려는 자와 배우지 않으려는 자로 나뉠 뿐이다"라고 말하며 배우는 자세의 중요성을 역설했다. 성공과 실패에 도취되거나 좌절하지 않고, 이 또한 배움의 과정이라고 생각하는 자세가 필요하다. 또한 윗사람, 아랫사람 가릴 것 없이 누구에게서나 배울 수 있다는 태도가 중요하다.

프랑스의 젊은 기술자 페르디낭 마리 레셉스Ferdinand Marie de Lesseps는 1859년부터 1869년에 걸쳐 수에즈 운하를 성공적으로 건설했다. 수에즈 운하의 성공에 고무된 유럽 금융업자들은 파나마 지역으로 눈을 돌렸다. 그들은 1881년 파나마운하건설 주식회사를 조직하고, 수에즈 운하 건설의 영웅 레셉스를 책임자로 영입했다. 그런데 수에즈 지역과 파나마 지역은 지형과 기후 등 자연 환경이 크게 달랐다. 수에즈 운하의 경우 굴착 지역의 평균 높이는 해발 15미터정도였지만 파나마 지역은 150미터나 되었다.

하지만 레셉스는 과거 자신의 성공의 도취해 수많은 학자가 제시한 '파나마 기후와 지역에 맞는 갑문식 방식'을 거절하고, 과거 수에즈 운하에서 사용한 방식을 고집했다. 결과는 실패로 돌아갔다. 결국 파나마 운하는 학자들이 제시한 갑문식 방식을 채택해 공사를 마무리할 수 있었다.

과거의 성공이나 지식에 집착하지 않고, 늘 배우려 하고 타인의 의견을 청취하는 자세가 성장의 출발점이자 성공의 밑거름이다.

둘째, 긍정적 태도가 중요하다.

교세라 그룹의 이나모리 가즈오 회장은 "인생의 결과 = 능력 × 열의 × 사고방식"이라 말하고 다음과 같이 설명한다. "능력은 우수한 지능과 함께 운동신경의 발달, 건강한 신체도 포함되는데, 대개

202

타고난 경우가 많다. 일반적으로 자신의 의지와 무관한 것이다. 그러나 '열의'는 자신의 의지로 바꿀 수 있다. 능력은 부족하지만 열의가 강하다면 자신의 선천적 한계를 뛰어넘을 수 있다. '사고방식'은 인생을 대하는 태도를 의미한다. 세상에 대해 긍정적인 자세와 낙관적인 태도를 가지면 인생도 잘 풀린다." 이나모리 회장은 이 세 가지 요소 가운데 사고방식이 가장 중요하다고 보았다. '능력'이나 '열의'는 0점에서 100점까지 있지만, 사고방식은 마이너스 100점에서 플러스 100점까지 다양하다고 이야기했다.

사고방식, 즉 태도는 인생의 방향을 의미한다. 부정적인 태도를 가진 사람은 자신의 능력과 열의를 좋은 방향으로 쓰지 못한다. 아무리 힘 있고 능력이 있어도 태도로 인해 부정적인 방향으로 전진하는 것이다. 부정적 태도를 가지고 있으면, 열의가 없는 편이 오히려 도움이 될 수 있다. 반대로 긍정적 태도를 유지하면 자신의 능력과 열의가 모자라더라도 조금이나마 옳은 방향으로 나아갈 수 있는 것이다.

하버드 경영대학원의 한 보고서에 따르면 기업의 성공 요인으로 정보·지능·기술·태도가 필요하다고 한다. 기업 성공의 핵심적인 네 가지 요소 중 중요 순위를 따져보면 정보와 지능 그리고 기술을 합쳐도 전체의 성공 요인 중 7%에 불과하다. 나머지 93%를 바로 태도가 좌우한다고 한다. 즉, 기업이 긍정적이냐 부정적이냐에 따라 그 기업의 성공이 결정된다는 것이다.

또한 세계적인 경영 컨설턴트 브라이언 트레이시Brian Tracy는 자신의 저서 《성취심리》에서 "태도가 성공의 85%를 좌우합니다. 오늘도 긍정적인 태도로 열심히 사는 하루 되십시오"라고 말하며 태도의 중요성을 강조하고 있다.

어떠한 태도를 선택하느냐는 기업이나 개인에게 성공을 좌우하는 매우 중요한 요소다. 성장 마인드셋을 위해서는 긍정적 태도를 유지하는 것이 필요하다.

셋째, 성장 마인드셋은 훈련을 통해 가능하다는 것을 기억해야 한다.

《언택트 교육혁명》에 나오는 스탠퍼드대 캐럴 드웩 교수의 실험을 살펴보자. 드웩 교수의 연구팀은 미국 고등학생 1만 2,500명을 대상으로 성장 마인드셋 훈련을 진행했다. 학생들에게 뇌과학에 관한 연구 알려준 다음 서로 협력 학습하도록 했다. 두 그룹으로 나누어 한 그룹만 25분 성장 마인드셋 훈련을 두 번 시켰다. 이 두 그룹의 학습 성취도를 비교했는데, 훈련받은 학생들의 성적이 크게 향상되었다.

성장 마인드셋은 의도적인 노력과 훈련을 통해 발전할 수 있다는 점을 염두에 두어야 한다. "배움은 학습자가 성취하는 무언가다. 그것은 능동적이고 스스로 수행하는 일이다." 교육의 석학 존 듀이 John Dewey의 말처럼 능동적이고 적극적인 노력을 기울이는 것이 중요하다.

4.
인공지능을 이기는 능력

    치열한 교육열은 지금도 현재진행형이고, 우리는 여전히 성적이 최고라는 교육의 현실에서 벗어나지 못하고 있다. 하지만 직장에서 인재를 뽑는 기준이 변화하고 있음은 앞서 이야기했다. 여기에 '인공지능'의 등장은 그 기준을 향후 더욱 변화시킬 것이다. 심지어 '성적이 최고'라는 현실조차도 뛰어넘을 수 있다.

    2018년에 인공지능이 그린 그림이 크리스티 경매장에서 약 5억 원에 판매되었다. 유발 하라리Yuval Harari의 베스트셀러 《사피엔스 Sapiens》의 10주년 기념판에 GPT-3가 쓴 서문이 실렸는데, 저자인 하라리조차 놀라움을 금치 못했다. 2023년 4월에는 구미에서 인공지능 스피커가 119에 신고해 홀로 사는 노인을 구조했다. 인공지능이 해내는 일은 상상을 초월하고 있다. 앞으로 많은 일이 인간에게서 인공지능으로 넘어갈 것이다. 인간의 경쟁력에 관해 다시 한번 생각해야 하는 시점이다.

우리는 앞서 이미지와 음성, 템플릿을 자동으로 생성해주는 인공지능 서비스의 등장을 살펴봤다. 사용자가 특정 조건을 들어 콘텐츠 생성을 요청하면 이에 맞추어 인공지능이 결과물을 산출하는 방식인데 클릭과 동시에 콘텐츠가 생성되고 비용이 거의 들지 않으며 품질도 뛰어나 비전문가들도 고품질의 콘텐츠를 제작할 수 있게 되었다.

인공지능의 영역은 크게 인식과 생성으로 나뉜다. 인식은 대상을 식별하고 판단하는 것이고 생성은 새로운 무언가를 만들어내는 것으로, 전자는 이미 인간의 능력을 넘어선 지 오래다. 2010년, 이미지 인식 경진대회라는 재미있는 이벤트가 시작되었다. 이것은 1,400만 개 이상의 이미지로 구성된 이미지 집합을 정확하게 분류하는 대회로, 2017년까지 이어졌다. 기계가 인간보다 정확하게 대상을 식별하는 수준까지 기술력을 높이는 것이 목적이었다.

제시된 그림이 참가자가 만든 이미지 인식 알고리즘에 포함돼 있는지를 판단하는데, 인식한 개체 주위를 테두리로 둘러싸는 방식으로 알고리즘의 정교함을 겨룬다. 2010년에 우승한 프로그램은 NEC-UIUC로, 78%의 정확도로 이미지를 분류했다. 2011년에는 72%의 정확도를 보이다가 2012년 84%로 정확도가 극적으로 올라간다. 바로 딥러닝을 적용한 알렉스넷이 세상에 등장한 것이다. 전문가들은 이때부터 딥러닝의 가능성에 주목하기 시작했고 구글과 마이크로소프트도 경쟁에 참여했다. 2014년에는 구글의 구글넷

206

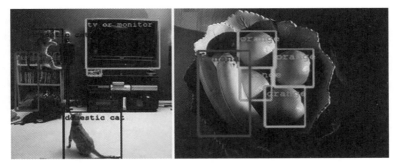

[그림 7] 이미지 인식 경진대회의 우승 프로그램과 에러율

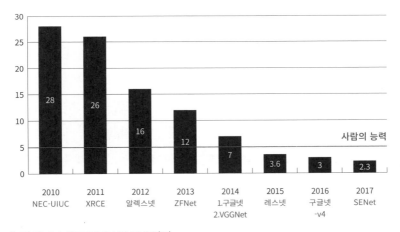

[그림 8] 우승 알고리즘의 분류 에러율(%)

GoogleNet이[5] 93%의 정확도를 자랑했고 2015년에는 마이크로소프트

의 레스넷Resnet이[6] 96.4%의 정확도로 우승을 거머쥐었다. 인간의 맨

5   신경망 내부 컴퓨터 자원의 활용을 높이기 위해 계산량을 일정하게 유지하면서
     신경망의 깊이와 폭을 늘릴 수 있도록 설계된 알고리즘.
6   'Residual Network'의 약자로 152개의 층수를 가진 깊은 신경망으로 높은 정확도를 얻는
     데 성공.

눈으로 사물을 분류하는 95%의 정확도를 인공지능이 뛰어넘은 것이다. 이때부터는 시간 싸움으로, 시간이 지나면서 정확도는 계속 올라갔다. 인간의 능력을 뛰어넘는 데 족히 10년 이상은 걸릴 것이라는 모두의 예상을 깨고 이 대회는 2017년 97.7%의 정확도에 다다르며 종료되었다.

인공지능이 제공하는 인사이트

인공지능이 생성하는 창조물에 관해 사람들은 놀라움을 금치 못하고 있다. 인공지능이 만들었다고 사전정보를 주지 않는 한, 그 사실을 알지 못하는 사람이 대부분이다. 일례로 패션잡지 〈코스모폴리탄Cosmopolitan〉에서는 달리2가 만든 이미지를 인공지능 특집호의 표지 이미지로 사용했는데, 일반인과 전문가 모두에게서 호평이 이어졌다.

생성형 인공지능의 기술이 발전해 미드저니나 달리2 등 전문 프로그램을 이용하면 비전문가도 멋진 이미지를 수초 내로 얻을 수 있다. 인공지능의 창조성에 관해서는 의견이 분분하지만, 인공지능이 우리에게 제공하는 인사이트에 관해서는 의심의 여지가 없어 보인다. 중요한 의사결정이나 아이디어 개발을 위해 전문가로부터 의견을 구하듯, 인공지능에 의견을 구해보는 것은 어떨까?

인공지능의 예술과 상상력

인공지능은 인식과 생성 영역에서 이미 인간과 비슷한 수준의 능력을 나타내고 있으며 일부 영역에서는 인간의 능력을 추월하고 있다. 인간 고유의 영역이라 불리는 창의성을 인공지능도 갖게 되지는 않을까 걱정이 드는 것도 사실이다. 인공지능이 창의성을 발휘하는 것이 가능할까? 이 질문에 대한 논의에 앞서 창의성에 관한 개념을 살펴보자.

국어사전에서는 창의성을 '새로운 것을 생각해내는 특성'으로 정의하고 있으며, 롱맨 영영사전Longman Dictionary에서는 '새롭고 독창적인 생각이나 물건을 만들어내는 능력The ablility to produce new and original ideas and things'이라고 설명하고 있다. 대부분의 사람들은 '창의성' '창조' 하면 이제까지 존재하지 않는 새로운 것을 만들어내는 능력이라고 생각하는 경향이 있다. 즉, 무에서 유를 만들어내는 능력으로 생각한다. 그런데 지식생태학자 유영만은 창의성과 창조를 기존에 존재하는 다양한 것들을 융합해서 개별 구성요소가 갖고 있지 않은 새로운 의미나 가치를 창출하는 활동으로 정의했다. 그에 따르면 무에서 유를 만들어내는 것은 신의 영역이며, 인간의 창의적 활동도 결국 기존 것을 모방하고 색다르게 조합한 결과물이라는 것이다.

창조의 싹은 상상의 밑거름을 통해 자라난다. 상상은 고대 중국인들이 눈으로 볼 수 없고 확인할 수 없는 코끼리를 이미지화하면서 생긴 말이다. 국어사전에서는 실제로 경험하지 않은 현상이나 사물에 관해 마음속으로 그려 보는 것으로 정의되어 있다. 상상력은 창의력이나 창조성의 기반이 된다. 즉, 창조와 창작은 상상력을 통해 발현된 아이디어를 시행착오 끝에 구현하거나 새로운 조합으로 만들어내는 작업이다.

인공지능도 창작을 할 수 있다고 본다. 그러나 인공지능의 창작 행위는 인간의 행위를 따라 한 것에 불과하다. 그렇다면 인공지능에 상상력이 있을까? 이 질문에 대해 대부분의 사람들은 아니라고 답할 것이다. 위대한 상상을 통해 위대한 창조가 일어나는데, 상상력의 토대 없이 인공지능이 만들어내는 창조물에는 위대함이 없을 수밖에 없다. 인공지능이 인간 수준의 창의력을 가지지 못하는 이유는 창의력의 원천이 되는 인간 특유의 감성과 삶의 경험이 없기 때문이다. 인간의 창의력은 다양한 직간접 경험과 지식, 지혜, 감성과 이성이 복합적으로 작용하여 발현되기 때문에 인공지능이 인간의 창의력을 완벽하게 구현하기는 어려운 것이다.

우리 인간은 상상하는 힘을 키워서 인공지능의 주인이 되어야 한다. 이를 위해 더 많이 상상하고, 더 많이 질문하고, 더 많이 관찰해야 한다. 도전을 통해 성공과 실패를 경험하고 이를 통해 인생의 경험을 쌓아 나가며 인간 고유의 역량인 상상하는 힘과 창조하는 능력을 키워야 한다.

19세기 노동자인 존 헨리John Henry는 망치로 바위에 구멍을 뚫어 인간의 체력과 지구력이 얼마나 대단한지를 보여주었다. 그러나 기계식 스팀 망치가 등장하면서 노동자들의 일자리를 걱정한 그는 스팀 망치와 터널을 먼저 뚫는 기계와의 대결을 벌였다. 헨리는 인간의 집중력을 발휘해 우승했지만, 얼마 지나지 않아 과로로 숨을 거두었다.

산업혁명 이후 기계화는 일자리를 크게 변화시켰고 근육의 힘만으로 문제를 해결하던 시대는 지났다. 이제는 인공지능과 어떻게 소통하고 협력할 것인지를 고민해야 한다. 인공지능과 경쟁하기보다는 인공지능의 도움을 받고 인공지능과 함께 협업해야 하며, 우리 인간은 창의적인 것과 인간적인 것에서 더 큰 가치를 창출해야 한다. 이를 위해 상상 근육을 강화하고 창조적인 행위를 지속적으로 이어가야 한다.

5.
좋아하는 일을 하는 즐거움

    좋아하는 일을 직업으로 삼지 말라는 인생 선배들의 조언을 들어본 적이 있을 것이다. 취미라면 그것에 빠졌다가도, 아니다 싶으면 다른 취미를 찾으면 그만이다. 그런데 취미가 일이 되면 얘기가 달라진다.

    취미는 내가 내킬 때 내 맘대로 하면 되고 나만 만족하면 되지만, 일은 고객이 원할 때까지 납기를 맞춰야 하고 고객이 만족해야 한다. 취미로 만드는 수제 비누는 내가 쓰고 주변에 나눠 줄 거라 약간 흠집이 나도 문제가 없지만, 수제 비누가 판매 플랫폼에 올라가는 순간 어떤 결점도 용납될 수 없다. 주문이 10개가 들어오든 1,000개가 들어오든 고객과의 약속을 지켜야 하므로 자신의 모든 시간과 열정을 쏟아부어야 한다. 취미는 스스로의 만족이 목적이지만 직업은 고객 만족과 수익 창출이 목적이 된다. 이를 잘 알기에 취미를 직업으로 삼는 것은 결코 쉽지 않다. 하지만 이제 이 말은 옛말이 되었다.

요즘은 '덕업일치德業一致'라는 말이 흔해졌다. 여기서 '덕'은 '덕후'라는 신조어에서 따온 말로, 마니아mania 이상의 열정을 가지고 특정 분야에 빠진 사람을 가리키는 일본어 '오타쿠'를 한국식으로 변형한 말이다. 자신이 빠져 있는 분야를 직업으로 삼은 경우를 덕후와 직업이 일치했다는 의미에서 덕업일치라고 부른다. 이와 유사한 용어로 하비 프러너hobby-preneur가 있다. 전문가 수준의 취미 생활을 창업이나 사업 아이템으로 연결하는 사람을 말한다. 우리나라에도 하비 프러너로 성공한 이들이 많다. 한 텔레비전 프로그램에서 이들의 이야기를 다뤄서 관심이 있게 본 적이 있는데, 하비 프러너가 되기 위해서는 소질과 관심, 그리고 계기가 있어야 한다는 사실을 깨달았다.

화장품 사업으로 매출 1,000억 원을 넘긴 한 출연자는 자신의 피부 결점을 커버하기 위해 화장품을 이것저것 써보면서 남성 최초의 뷰티 블로거로 활동한 이력이 있었다. 화장품 판매 아르바이트와 대기업에서 근무한 경험을 살려 남성 전용 브랜드를 론칭했지만 큰 성과를 거두지 못했다. 여기서 포기하지 않고 아토피로 고생하는 딸을 위해 유기농 오일을 만들었고 딸의 아토피가 개선되면서 엄마들 사이에서 입소문이 났다. 자신이 재능과 관심 분야, 딸의 아토피라는 도전과제가 연결되면서 큰 성공으로 이어진 것이다.

덕업일치의 산물, 리퀴드 데스

리퀴드 데스Liquid Death라는 음료가 있다. 이름도 무시무시하지만 '당신의 갈증을 죽여라murder your thirst라는 캐치프레이즈와 제품 표면에 그려진 해골 모양도 예사롭지 않다. 제품의 패키지를 봤을 때 사람들은 맥주나 에너지 드링크를 떠올리겠지만, 이 캔에 들어있는 액체는 바로 생수다.

리퀴드 데스는 올해 6년 차 스타트업으로 2019년 5월에 신제품을 론칭한 후 4년 만에 기업가치를 5억 2,500만 달러(약 7,086억 원)로 인정받은 유니콘 기업이다. 2022년에는 미국 최대 스포츠 경기이며, 광고도 가장 비싸기로 유명한 슈퍼볼에 30초간 등장해 전 세계 사람들의 이목이 쏠렸다.

리퀴드 데스 창업자 마이크 세사리오Mike Cessario는 엄청난 헤비메탈 팬으로 필라델피아의 여러 밴드에서 연주하며 청소년기와 청년기를 보냈다. 어느 날, 록 페스티벌 워프트투어Warped Tour에서 공연을 즐기던 중 뜻밖의 광경을 목격했다. 가수들이 에너지 드링크를 연달아 마시는데, 알고 보니 캔의 내용물을 버리고 그 안에 물을 몰래 따라서 마시고 있는 것이었다. 콘서트의 스폰서가 에너지 드링크 회사여서 해당 음료를 마시는 모습을 보여주기도 해야 했고, 또 생수를 마시는 모습이 관객에게 유약해 보일까 걱정이었는지, 가수들은 캔 안에 물을 넣어두고 수시로 마셨던 것이다. 세사리오는 이들의 통점pain point에서 비즈니스 기회를 찾게 된다. 록밴드가 공연할 때 마실 수 있는 매력적인 물을 만든 것이다. 헤비메탈과 맥주캔 용

[그림 9] 리퀴드 데스의 제품 이미지

기, 알프스 청정수, 건강이라는 이상한 조합에 사람들이 관심을 가지기 시작했다.

일반적으로 헤비메탈 하면 술, 약물을 함께 떠올린다. 하지만 깨끗하고 맑은 정신을 추구하는 평범한 팬들도 틈새시장으로 존재한다. 창업자 본인도 그러했기에 술이나 에너지 드링크보다 물을 선호했다. 그는 자신과 똑같은 니즈를 가진 팬층을 공략하기 시작했고, 급기야 아마존Amazon에서 생수제품 판매 1위에 등극하게 되었다.

리퀴드 데스의 슬로건은 '플라스틱에게 죽음을Death to Plastic'로, 포장 용기로 플라스틱을 사용하지 않을 뿐만 아니라, 플라스틱으로 인한 환경오염을 줄이기 위해 캔당 5센트씩 비영리단체에 기부하는 등 ESG[7] 실천에도 앞장서고 있다.

잘하면서 신나는 것

직장인들에게도 다양한 덕업일치의 기회가 주어지고 있다. 취미나 전문성을 길러주는 교육훈련 플랫폼과 재능 판매 플랫폼이 늘고 있고 마니아를 양성하는 데 부족함이 없는 다양한 서비스가 제공되고 있다. 교수 중에는 정년퇴임 후 유튜브를 통해 자신의 지식과 인사이트를 널리 공유하기 위해 유튜브 제작 과정을 수강하는 이들이 많다. 인기에 영합하는 유튜버가 아닌, 지식을 널리 공유하는 '랜선 스승'을 자처한 것이다. 좋은 동기로 시작한 지식 나눔이 개인과 사회에 긍정적인 영향을 미치고 이로 인해 구독자가 모인다면 부는 자연스럽게 따라올 것이다.

자기가 열성적으로 좋아하는 분야의 일을 업으로 삼기 위해서는 내가 어떤 소질이 있고 어떤 분야를 좋아하는지 알아야 한다. 우리는 좋아하는 것이 무척 많았던 어린 시절을 보냈다. 물질적으로는 지금 세대보다 덜 풍족했지만, 미래에 대한 막연한 걱정이나 고민 없이 정서적으로 풍요로운 삶을 살았다. 하지만 배움이 늘어갈수록, 학교 교육 연수가 쌓일수록, 교육열이 높아질수록 삶의 목적이 당장 입시에만 맞춰져 현재의 성적만 쫓다가 꿈을 놓치고 있는 것 같다. 그렇게 막상 성인이 되면 즐길 취미도 없고, 딱히 좋아하는 것도 없고, 대학에서 배운 전공이 본인이 갈 길이 아님을 깨닫고는 전혀 다른 영역에서 새 출발을 한다.

---

7   environmental, social, governance의 머리글자를 딴 말로 기업활동에 친환경, 사회책임 활동, 지배구조 개선 등을 포함하는 경영 트렌드.

우리 아이들이 잘하면서 신나는 것을 선택해서 업으로 삼거나 취미로 이어갈 수 있도록 아이들에게 다양한 경험 기회를 주어야 한다. 부모의 욕심을 버리고 아이가 원하는 것을 적극적으로 지원해주는 부모의 모습에서 아이들은 자신이 충분히 사랑받고 존중받고 있다고 느낀다. 설령 그것이 대학 전공이나 직업으로 이어지지 않는다고 하더라도 아이들의 감수성과 자존감을 높이는 데 도움이 된다.

다만 소질과 직업은 다르기에, 직업에 관한 다양한 정보를 제공해 올바른 판단에 도움을 주는 조언자의 역할도 부모와 교사가 수행해야 한다. 예를 들어 텔레비전에서 유명 요리사를 본 아이들이 그 직업을 선호하게 되었을 때, 실제로는 얼마나 많은 준비와 노력이 필요한지 아이들은 알 수 없기 때문이다. 아이의 숨겨진 재능을 찾아주고 그 재능을 인정하며 재능을 키우도록 길을 열어주어야 한다. 공부 말고도 잘할 수 있는 것이 많은 아이들의 가능성을 일찍 발견해주고 키워주는 일은 부모와 교사의 중요한 역할이다.

6.
소프트 스킬로 승부하라

인공지능의 급격한 발전으로 사회 변화 속도가 더욱 빨라질 것으로 전망된다. 전문가들은 미래 인재에게 요구되는 역량 중 하나로 소프트 스킬soft skill을 강조한다.

소프트 스킬은 사회적 상호 작용을 통해 형성되는 인간 고유의 능력으로 소통, 관용, 신뢰, 이해, 합리적 판단 등을 포함한다. 이런 역량은 타인 및 객체와의 관계와 맥락 속에서 형성되며 기계와 구분되는 인간 고유의 본성이다. 인간이 따라잡을 수 없는 놀라운 연산 능력을 가진 인공지능의 노예가 되지 않기 위해서는 인간성을 강화해야만 한다.

인공지능과 함께 살아가고, 인공지능보다 높은 위치에 서기 위해 우리에게 요구되는 소프트 스킬 다섯 가지를 소개한다.

비판적 사고력

챗GPT 열풍이 불면서 많은 사람들이 챗GPT에게 다양한 질문을 했다. 챗GPT의 답변은 대체로 정확하지만 그럴듯한 거짓말도 많았다. 직장인 왕십리 근처 맛집을 물어봤더니 왕십리 상호가 들어간 몇 개 식당을 추천했는데, 직접 검색해보니 아예 없거나 전남 무안에 있는 식당도 있었다. 우리는 앞서 인공지능이 없는 사실을 만들어내는 '할루시네이션' 문제를 잠깐 언급했다. 이 할루시네이션, 즉 가짜 정보가 발생하는 원인은 간단하다. 인공지능이 잘못된 데이터로 학습하거나 충분한 학습이 이뤄지지 않았기 때문이다. 모른다면 모른다고 답하면 좋겠지만, 인공지능은 어떤 정보의 진위를 판단하지 않기 때문에 오답도 정답인 듯 답하는 것이다.

자신이 쌓아온 지식과 정보는 자신의 전문성으로 투영된다. 깨끗한 물에 잉크가 한 방울이라도 번지면 투명함을 유지할 수 없듯, 지식과 정보에 투명함과 정확성을 기하는 것은 중요하다. 오랫동안 쌓아온 전문가의 지적 명성이 잘못된 정보로 한순간에 추락하는 것을 우리 주변에서 너무나 많이 봐왔다.

우리는 검색창을 통해 하루에도 수십 번씩 정보를 탐색한다. 탐색한 정보의 진위를 판단하는 것은 이용자의 몫이다. 많은 정보가 주어질수록 정보를 정확하게 선별하고 취사선택하는 능력은 중요하다. 특히 그럴듯한 거짓말을 하는 인공지능에 농락당하지 않기 위해서 비판적 사고력을 유지해야만 한다.

통찰력

통찰력이란 어떤 현상을 총체적으로 조망하고 본질을 꿰뚫어 보는 능력을 일컫는 말이다. 통찰력을 영어로는 인사이트insight라고 하는데, 우리 말로는 '안을 들여다보는' '사물을 꿰뚫어 보는 능력'쯤 으로 해석할 수 있겠다. 나는 인사이트를 '남이 볼 수 있는 것을 볼 수 있고 남이 볼 수 없는 것도 볼 수 있는 능력'으로 정의하고자 한 다. 이렇게 정의를 내리는 이유는 통찰력을 식스센스와 혼동하는 경 향이 있기 때문이다. 통찰력은 현실을 두 발로 딛고 서서 뿌연 안개 속에서 대상을 정확하게 식별하는 능력이다. 현상에 대한 정확한 이 해를 토대로 미래를 조망하고 예측할 때 통찰력이 빛을 발한다. 통 찰력은 직감과 과학적 사고의 중첩지대에 있는 인간의 독특한 능력 이다.

무의식의 뇌가 정보를 분석해 바람직한 의사결정을 내리고, 직 감이 뛰어난 사람은 현상을 증명하지 않아도 느낌으로 파악한다. 저 명한 물리학자 알베르트 아인슈타인Albert Einstein은 자신의 천재성이 직감에서 나온다고 말했다. 직감을 토대로 가설을 세우고 이를 과학 적으로 검증하는 것은 현재까지도 유효하다. 직장에서도 동물적 감 각과 촉을 이용해서 문제를 식별하고 신규 사업을 성공적으로 기획 하는 사람들이 있다. 이들의 직감은 경험의 축적에서 나온다. 인공 지능에는 직감이라는 게 없다. 오로지 과학적 사고만 있을 뿐이다.

인간의 직감에 과학적 사고가 더해질 때, 본질을 꿰뚫어 보는 역량은 커진다. 통찰력을 키우기 위해서는 넓게 보고 다양하게 탐색

220

하며 선입견을 없애야 한다. 스스로 한계를 정하는 순간, 통찰력은 작동하지 않는다.

질문하는 능력

챗GPT로 인해 질문하는 힘에 관한 중요성이 다시금 강조되고 있다. 질문하는 사람의 스킬에 따라 깊이와 정확도가 다른 답이 나오면서 챗GPT의 성능은 이용자의 질문 스킬에 따라 달라진다는 점이 확연히 드러나고 있다. 우문에 현답은 없다. 내가 물은 질문의 수준에 따라 그에 상응하는 단서나 해결방안이 나오기 마련이다. 내가 한 질문에 다시 물음을 갖는 행위를 통해 더 구체적이고 더 많은 정보를 얻을 수 있다. 묻지 않으면 길이 보이지 않고 가능성의 문도 열리지 않는다.

질문도 수준이 있어서 준비되지 않은 질문은 화자를 실없는 사람으로 보이게 만든다. 선생님에게 모르는 것을 물어볼 때도, 챗GPT에 질문할 때도 질문하는 사람에 따라 다른 답이 나온다. 질문이 좋으면 얻는 답도 풍부하고 정확해진다. 하지만 사람들은 질문 자체가 자신의 부족함을 드러낸다고 생각하는 경향이 있다.

직업 훈련을 듣고 소프트웨어 관련 자격증을 취득한 신입 개발자 A는 자기에게 주어진 역할을 충실히 이행하면서 조직 내에서 좋은 평가를 받았다. 개발 관련해서 모르는 부분이 많았지만 질문을 하면 자신의 부족함이 드러날까봐, 동료들을 귀찮게 할까봐 질문하지 않고 상의 없이 혼자서 기한 내에 결과물을 도출하기 위해 노력했다. 동료들은 신세대답게 일 처리가 시원시원하다며 칭찬 일색이었다. 개발물에 관해 동료들에게 피드백을 받거나, 동료와 결과물을 같이 내는 작업이 거의 없었다. 나중에 타 기업에 개발자로 이직하고 나서 그러한 방식이 개인의 성장에 결코 도움이 되지 않음을 알게 되었다. 모호한 점이 있으면 바로 질문해 개선하고 협업을 통해 직무 전문성을 키워야 했는데 그 기회를 놓친 것이다. 질문하는 능력은 노력에 의해 키워지는 후천적인 역량이다.

미국의 여류 무용가인 이사도라 덩컨Isadora Duncan은 현대무용의 창시자로 불린다. 그녀는 전문적인 지도 없이 무용을 시작했는데, 인적 없는 숲으로 가 맨발로 자유롭게 춤추곤 했다. 그녀는 미국에서는 별 주목을 받지 못했지만, 유럽으로 건너간 후 토슈즈를 신는 대신 맨발로, 코르셋 대신 튜닉을 두르고 그리스 여신같이 무대와 거리를 넘나드는 자유로운 춤으로 큰 인기를 누렸다. 물론 사람들도 처음에는 그녀의 자유분방한 춤을 어색해했지만 어디서나 볼 수 있는 정형화된 안무가 아닌 그때그때 달라지는 변화무쌍하고 자유로운 동작에 환호했고, '프리 댄스free dance'[8]라는 새로운 분야를 개척하기에 이르렀다.

전통과 관습을 무시한 자유롭고 개성적인 현대무용의 탄생을 이끈 이사도라 덩컨의 질문은 바로 이것이었다.

"왜 우리는 불편한 신발을 신고 틀에 박힌 동작으로만 춤을 추

---

8   모던대스의 초기 용어.

어야 하는가?"

　이사도라 덩컨이 무용의 고정관념을 깼다면, 코코 샤넬Coco Chanel은 여성 의복의 고정관념을 깬 대표적인 인물이다. 그녀는 답답한 속옷이나 장식이 많은 불편한 옷으로부터 여성을 해방시키기 위해 입기 편하고 활동적이면서도 여성미가 넘치는 '샤넬 스타일'을 창시했다.

　그 당시 여성의 학력이 높아지면서 직업여성도 늘어났고, 이들의 경제력이 높아지면서 여가생활을 즐기는 신여성이 증가했는데, 그녀는 이러한 사회 변화를 읽어내고 자유로운 활동을 방해하는 요소들을 의상 디자인에서 과감하게 제거하기 시작했다. 즉, 불필요한 장식은 걷어내고 자유롭게 움직일 수 있도록 소매를 여유가 있게 디자인했으며, 편안하게 걸을 수 있도록 종아리 위로 치마 길이를 디자인했다. 많은 사랑을 받은 세일러 블라우스도 어부들이 착용했던 작업복이 여성 의상으로 재탄생한 결과물이다.

　샤넬의 혁신적 디자인은 다음과 같은 질문을 통해 시작되었다.

　"왜 여자들은 코르셋으로 허리를 꽉 조이고 치마를 질질 끌면서 다녀야만 하는가?"

　문제를 해결하는 데는 여러 가지 능력이 필요하다. 문제가 무엇인지 인지하고, 기존의 방법으로 해결할 수 없을 때 창조적 사고를 통해 문제 해결 방법을 찾아야 한다. 여기에 실행력도 필요하다. 그런데 이 과정에서 우리는 벽에 부딪힐 때마다 질문을 해야 한다. 무엇이 문제인가, 왜 그 문제가 발생했을까? 어떻게 하면 그 문제를 해결할 수 있을까? 이런 여러 가지 질문을 통해 우리는 계속해서 새로운 생각에 도달하고 새로운 방법을 찾아야 한다. 그리고 과거의 수많은 지식과 정보 속에서 나에게 가장 필요한 것을 찾으려면 인공지능에 명확하게 질문해야 한다.

공감 능력

공감 능력은 다른 사람의 감정과 입장을 이해하고 거기에 적절하게 반응할 수 있는 능력을 말한다. 공감 능력은 이타적 행동이며, 사회적 불평등이나 불합리에 대해 자신의 목소리를 내는 적극적인 자세이기도 하다. 우리 사회는 비난과 혐오, 반목과 질시, 편견과 분노로 몸살을 앓고 있다. 서로 다른 이해관계를 가진 집단이 서로 밀어내기만 한다면 이러한 사회문제는 심화할 것이다. 공감 능력은 타인에 대한 심층적 이해와 이성, 감성을 토대로 해결방안을 모색하고 합리적으로 의사결정하도록 도와주며, 그 출발점은 상대방에 대한 공감과 이해다.

요즘 아이들이 IQ$^{intelligence\ quotient:\ 지능지수}$는 높은데 EQ$^{emotional\ quotient:\ 감성지수}$와 SQ$^{social\ quotient:\ 사회성지수}$가 낮다고들 한다. EQ와 SQ는 결국 '공감^{共感}' 능력이다. 대가족과 이웃사촌이 함께하는 과거의 사회에서는 타인에게 관심을 가지고 상대방의 처지와 생각에 쉽게 공감할 수 있었다. 그러나 바쁜 일상 속에서 공감 능력이 갈수록 떨어지고 있다. 특히 코로나19와 같은 팬데믹 상황에서 물리적인 접촉이 줄어들고 SNS를 통한 소통이 일상화되면서 사람들과 관계를

224

맺고 교류하는 것을 어려워하는 사람들이 늘어나고 있다. 공감의 부재는 인간 소외와 같은 사회문제로 나타난다. 물론 사회적으로 성공한 사람 중에는 인간관계에 서툰 사람들도 많다. 애플의 CEO였던 스티브 잡스Steve Jobs가 그러했다. 융통성 없고 자기애가 강한 잡스는 불통의 대명사였다. 고객은 스스로가 원하는 것을 모르기 때문에 설문조사 따위는 하지 않는다고 주장했다. 하지만 그는 사용자 니즈를 간파하고 불편함pain point을 식별하는 데 최고 전문가였고, 이는 사용자에게 대한 높은 공감 능력에 기인한다.

사회생활을 하다 보면 공감능력이 떨어지는 사람을 상사나 동료로 만나는 경우가 있다. 특히 상사가 공감능력이 부족하면 직원들의 마음고생이 더 심해지는 경향이 있지만, 직급에 관계없이 그런 사람들과 소통하는 일은 고단하다. 사람들과 소통하고 공감하는 능력은 노력에 의해 길러지는 후천적인 역량이다.

관찰력

일머리가 있는 사람들의 특징 중 하나는 눈썰미가 있다는 것이다. 눈썰미는 한자어로는 목교目巧라고 하는데, 눈 '목', 공교할 '교' 해서 말 그대로 풀자면 '눈으로 보고 따라 하는 솜씨가 재치가 있다'로 해석되며, 국어사전에는 '한두 번 보고 곧 그대로 해내는 재주'로 풀이되고 있다.

잘하는 사람의 재능을 보고 이를 따라 하려면 상대방을 잘 관찰해야 한다. 대상을 유심히 관찰하고 전체를 파악하는 능력을 키우면 일에서도 인간관계에서도 모두 유리할 수 있다. 직장 생활도 마찬가지다. 회사에 들어가면 사수가 하나하나 일을 가르쳐줄 것 같지만 절대 그렇지 않다. 사수가 일일이 방법을 알려주지 않아도 보는 눈이 빠르면 일하는 방법을 금세 배울 수 있다.

어떻게 하면 관찰력을 키울 수 있을까? 지식창조 모델 중에 SECI 모델이 있다. 이는 지식이 공동화socialization, 표출화externalization, 연결화combination, 내면화internalization의 과정을 거치면서 양적으로나 질적으로 팽창한다는 이론으로, 영어의 앞 글자를 따서 SECI 모델이라고 부른다. SECI 모델의 첫 번째 단계인 공동화는 선배가 후배에게 지식을 공유하는 활동인데, 일터에서 이야기를 나누면서, 하는 방법을 직접 보여주면서 발생하기 때문에 상대방의 손과 말, 머릿속에 있는 지식을 알아채는 것이 중요하다. 여기에 관찰력이 큰 역할을 한다. 그런데 대상을 잘 관찰하려면 그것에 대한 최소한의 정보를 알고 있어야 한다. 골프 채널에서 유명 골프선수의 스윙을 관찰할 때 골프 스윙의 기본원리를 알고 봐야 프로들의 스윙을 흉내 낼 수 있듯이, 대상에 대한 사전지식이 있어야 원리와 노하우를 쉽게 체득할 수 있다.

사람은 원래 자기가 보고 싶은 것을 보며, 자기가 좋아하는 것에 대한 관찰력과 통찰력을 얻게 된다. 관찰력은 상대에 관한 관심과 애정의 결과로 강해지는 후천적 능력이다. 관찰력을 키우기 위해 일상과 사물, 현상, 상대방에게 관심을 기울여주고 자기가 보고 싶은 대상의 폭을 의도적으로 넓혀야 한다. 우리 눈에 씌워진 가리개,

즉 차안대를 벗고 주변의 다양한 사물과 사람에게 관심을 주기 시작하면 우리의 관찰력은 눈에 띄게 좋아질 것이다.

공부만 잘해서는 안 되는 이유

미래 인재의 조건으로 우리는 다섯 가지 소프트 스킬을 살펴보았다. 소프트 스킬은 보통 직장 등의 조직에서 필요한 인재를 설명할 때 주로 사용되는 용어다. 하지만 기업을 비롯한 사회의 많은 조직에서는 아이들이 교육을 마치고 사회에 나올 때 이런 능력을 갖추고 나오기를 기대한다. 즉, 소프트 스킬을 키우는 과정은 교육의 몫이라는 것이다. 더군다나 인공지능이 우리 삶에 한 걸음씩 더 들어올수록 소프트 스킬의 중요성은 더욱 커질 것이다.

수학 문제를 풀거나 수많은 데이터에서 적합한 데이터를 찾는 것은 이제 사람보다 인공지능이 더 잘한다. 공부만 잘해서는 사회에서 인공지능을 이기기 어렵다는 사실을 깨달아야 한다.

7.
요람에서 무덤까지,
평생학습 하는 시대

하버드 대학교의 물리학자 새뮤얼 아브스만Samual Arbesman은 모든 지식이 유효기간을 갖고 있다며 지식의 반감기the half-life of fatcs라는 개념을 제시했다. 그의 주장에 따르면, 물리학은 13.07년, 경제학은 9.38년, 수학은 9.17년, 종교학은 8.76년, 심리학은 7.15년, 역사학은 7.13년이면 해당 지식의 절반은 틀린 것으로 드러난다.

미국의 미래학자 앨빈 토플러Alvin Toffler가 언급한 '무용지식 obsoledge'도 시대 변화에 따라 지식으로 가치가 없는, 세상에 쓸모가 없어진 지식을 꼬집고 있다.

유발 하라리는 지금 성인들의 자녀 세대가 40대가 되었을 때 이들이 학교에서 배운 내용 중 80~90%는 쓸모없게 될 것이라고 예측한 바 있다. 그는 아이들이 컸을 때 현재의 학교 교육은 쓸모없는 것이 될 테니 차라리 놀면서 배우게 하라고 주장했다.

미래 세대가 기존 세대의 경험과 지식을 배워 미래를 준비하는 일은 불가능할 것이며, 지식의 생멸이 매우 빠르게 이뤄지는 만큼 평생학습을 할 수밖에 없는 상황이 올 것이다. 얼마나 많은 것을 알고 있는가보다는 세상의 변화를 읽을 줄 알고, 필요할 때 언제든지 원하는 지식을 찾아서 익히고 활용할 줄 아는 능력이 중요해졌다.

자기주도적 학습자가 살아남는다

평생학습의 시대, 개인의 경쟁력은 자기주도적 학습 능력에 비례한다.

자기주도적 학습은 학습자가 학습 방법과 방향을 결정하고 스스로 학습활동 전반을 이끌어 나가는 활동을 말한다. 자기주도적 학습자는 자신의 내면적인 동기에서 학습을 시작하고 스스로 계획을 세우며, 주도권을 쥐고 능동적으로 학습을 실천해 나간다. 학습자는 학습 기회·방법·학습자료 등을 스스로 선택하며, 자신의 능력과 여건, 목표를 고려해 학습 속도를 조절한다. 자기주도적 학습자는 스스로 가르치며, 스스로 평가한다.[9] 학습자가 자신의 주도하에 학습을 수행하기 위해서는 기본적으로 학습에 대한 '동기'와 '흥미'가 연계되어야 한다. 학습의 필요성을 스스로 인지하고 독립적이며 책임

---

9   이성호(1997), 교수방법의 탐구, 양서원.

감 있게 학습을 수행하는 학습자를 '자기주도적 학습자'로 이해할 수 있다. 자기주도적 학습자가 새로운 지식과 기술의 탄생에 희생양이 될 이유가 없다.

미래 사회에서도 좋은 대학, 학점과 학위는 중요하겠지만 대학 졸업장의 영향력은 점점 줄어들고 기업에서 자격인증 후 발급하는 증명서가 더 큰 가치를 가지게 될 것이다. 마이크로소프트는 자사가 주관하는 인증시험을 통과하거나 기술 인증을 취득한 사람을 대상으로 인증서인 디지털 배지를 발급하고 있다. 배지를 발급받은 사람은 SNS에 배지를 게시함으로써 자신의 전문성을 어필하며, 실제로 배지를 보고 헤드헌터가 연락을 취하는 경우가 많다. 대학에서 발급하는 졸업장은 못 믿어도 기업에 발급하는 자격인증은 믿을 만하다는 사람들도 많다. 앞으로 그런 현상은 더욱 심화할 것이며, 대학 졸업장을 따기 위해 2~4년을 투자하기보다는 기업이 필요로 하는 역량을 키우기 위해 1년 미만의 교육훈련 프로그램에 집중적으로 참여해서 자격을 획득해서 직업세계에 진입하는 사람들이 늘어날 것이다.

그런데 이 과정에서도 자기주도적 학습 역량에 따라 성과가 크게 달라진다. 온라인 교육 플랫폼인 유다시티는 데이터 과학, 디지털 마케팅, 인공지능 관련 나노 디그리 과정을 제공하고 있는데 구글, 마이크로소프트, 엔비디아, 아마존, IBM, 디디추싱DiDiChuXing 등 글로벌 IT 기업과 협력해 과정을 개발하고 이들 기업은 유다시티가 발급한 디그리를 인정해주고 있다. 그러나 강의 난이도가 상당히 높아 수업을 포기하지 않고 끝까지 듣는 지구력과 부족한 지식을 찾아

스스로 보완하는 역량이 필수적이다. 어려운 강의 내용을 이해하고 실무 프로젝트까지 통과한 후에 주어지는 자격인증인 만큼, 대학 학위만큼의 가치를 인정받는 것이다.

취업 후에 더 치열한 학습의 장

어떤 통로로 직업 세계에 진입하든, 그 세계에 들어서는 순간 자신의 전문성과 역량을 쌓아가는 진짜 레이스가 펼쳐진다. 취업했다고 끝난 게 아니다. 취업 이후는 먹고사는 문제라 더 치열하게 공부해야 한다. 일과 학업을 병행하는 샐러던트가 증가하는 이유가 그것이다.

샐러리맨salaried man과 스튜던트student의 합성어인 샐러던트 saladent는 본인의 가치를 높이기 위해 자기계발에 시간을 투자하는 사람들을 말한다. 이들은 직무능력을 향상하기 위해, 타 분야에 도전하기 위해, 인적 네트워크를 통해 다양한 정보를 얻고 그들과 협력하기 위해 퇴근 후 대학원으로, 학원으로, 인터넷 강의로, 유튜브로 발걸음을 옮긴다.

세상의 변화, 산업의 변화, 일하는 방식의 변화라는 파도에 올라타기 위해 자기주도적으로 학습하는 힘을 키우고 배움을 습관화하자.

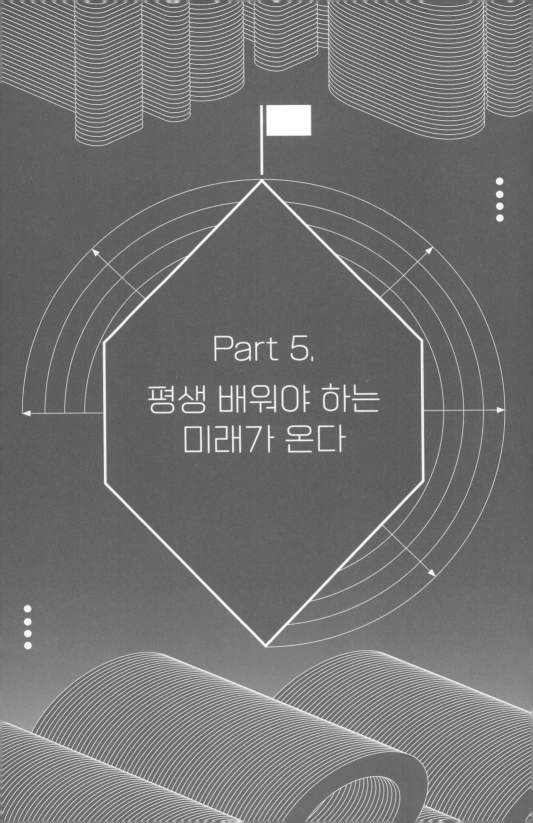

Part 5.

평생 배워야 하는
미래가 온다

1.
3일 만에 지식이
2배가 되는 시대

미래학자 버크민스터 풀러Buckminster Fuller는 지식 2배 증가 곡선Knowledge Doubling Curve으로 인류의 지식 총량이 늘어나는 속도를 설명한다. 그에 따르면 인류의 지식 총량은 100년마다 2배씩 증가해 왔던 것이 1990년대부터 25년으로, 2018년에는 13개월로 그 주기가 단축되었다고 말한다. 그리고 2030년이 되면 지식의 총량이 3일에 2배씩 증가할 것이라고 말한다.

지식의 증가 속도만큼 지식의 폐기 속도 역시 빠르게 진행되고 있다. 그 중심에는 인공지능과 IT가 자리를 잡고 있다. 인공지능 기술과 IT의 급격한 발전은 인간이 가지고 있던 지식의 가치를 하락시키고 있다. 소수의 사람만이 독점했던 지식(법률, 의료, 행정, 세무, 전문지식 등)은 인터넷의 발전으로 대중화되고 있으며, 인공지능의 발전으로 이런 지식을 바탕으로 한 솔루션 또한 사람이 아닌 인공지능이 제시하고 있다.

과거 택시 기사들의 지역에 관련한 정보와 지식은 더 높은 수입을 위한 핵심적인 역량이었다. 하지만 내비게이션의 등장과 고도화는 지역에 대한 정보와 지식의 가치를 가차 없이 폐기시켜 버렸다. 지식은 인터넷에 널려 있으며, 이런 지식을 통째로 인공지능이 데이터화해 분석하고 적절한 솔루션을 사람들에게 제공하고 있다.

새로운 지식이 생기고, 기존 지식은 폐기되는 사이클이 점점 빨라지고 있다. 지식이 생기고 폐기되어 가는 속도는 직업에도 그대로 영향을 미치고 있다.

직업의 급격한 변화

오늘날 자기 직업이 영원하리라고 믿는 사람은 없을 것이다. 미국 노동통계청에 따르면 35~45%의 사람들이 매년 직장을 옮긴다. 2019년 한 해 동안 12개월에 걸쳐 41.5%의 노동자가 이직했으며, 6,900만 명이 직장을 떠났고 7,000만 명이 새롭게 고용되었다. 지식의 변화 속도만큼 직업의 변화 또한 빠르게 이루어지고 있는 것이 사실이다.

챗GPT라는 생성형 인공지능의 등장이 또다시 직업의 변화를 예고하고 있다. 로봇과 공장의 자동화는 블루칼라의 많은 일자리를 빼앗았다. 챗GPT의 등장은 화이트칼라 역시 안전하지 못하다는 것을 예고하고 있다.

화이트칼라로 대변되는 사무직의 경우 정보를 탐색하고 정리하는 작업에 많은 시간을 할애한다. 그리고 이를 보고서로 만들어서 의사결정자에 보고하는 작업들이 진행된다. 아직 챗GPT가 한계는 가지고 있지만, 이 도구가 고도화되면 사무직의 역할 중 많은 부분이 챗GPT로 대체되어 나갈 것이다.

새롭게 부상하는 스킬즈 테크

직업의 위계구조를 보면 직업job - 역할role - 역량과 능력capabilites or competency - 스킬skill로 구분된다.

지식과 직업의 변화 속도가 빠르지 않았을 때는 직업과 역할 중심으로 인재를 관리했다. 대학에서 마케팅을 전공하는 학생에게 마케팅 업무를 맡기고 전략기획을 전공한 사람에게 전략기획 업무를 배치하면 그만이었다.

산업이 발달하면서 지식과 직업의 변화 속도가 높아지기 시작하자 직업과 역할 중심의 관리에서 새로운 변화가 필요해졌다. 기업들은 직업과 역할보다 세분화된 역량에 주목했다.

마케팅을 전공했다고 그 업무를 잘하는 것이 아니라, 마케팅적인 지식 외에 커뮤니케이션 역량, 기획 역량, 문제 해결 역량, 협업 역량, 셀프 리더십 역량 등이 필요하다는 데 집중한 것이다.

역량 중심의 인재 관리는 현재 대부분의 조직과 기업에서 활용하고 있는 방법이다. 하지만 최근 지식과 직업의 빠른 변화는 역량 중심 인재 관리의 한계를 느끼게 만들었다. 지식과 직업의 변화 속도가 이제는 역량보다 더 빠르게 변하고 있기 때문이다. 변화의 속도가 급속하게 빨라지는 요즘, 지식과 기술이 업무와 연결되기 위해서는 역량보다 조금 더 세분화된 단위가 필요하다. 여기에 글로벌 기업들이 주목하고 있는 것은 바로 스킬이다.

스킬이란 역량 단위를 세분화한 것을 의미한다. 마케팅 기획 역량이라면, 유튜브 마케팅 이해, 블로그 마케팅 실무, 키워드 마케팅 시장 조사, 마케팅 문서 작성, 마케팅 커뮤니케이션, 고객 니즈 분석 등 매우 세분화된 단위까지 쪼개는 것을 의미한다.

역량 단위는 일반적으로 한 기업에서 200~500개 정도가 활용되지만 최근 인공지능 기반의 스킬 단위를 적극 관리하는 기업 에잇폴드 AI^Eightfold.ai의 경우 이보다 작은 단위의 스킬을 인공지능 기술을 통해 140만 개 이상 도출해 활용하고 있다. 이런 방식을 스킬즈 테크^skills tech라고 부른다.

스킬즈 테크 주요 기업들은 인공지능 기술을 활용하고 있으며, 오픈된 데이터를 긁어모아 고도화된 모델링을 통해 새로운 스킬들을 도출하고 있다. 에잇폴드 AI는 1조 2,000억 개의 공개된 이력서와 링크드인, 채용공고 등의 데이터를 실시간으로 활용하면서 인공지능 기반으로 새로운 스킬들을 도출하고 폐기시키고 있다.

스킬즈 테크의 부상은 어쩌면 당연한 현상일 수 있다. 지식이 새롭게 생성되고 폐기되는 속도가 급속하게 증가하는 시점에서 새로운 지식과 기술을 관리할 단위가 필요하기 때문이다.

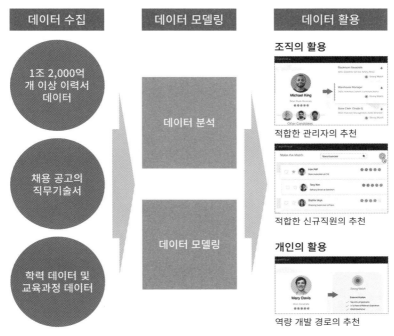

[그림 10] eightfold.ai의 Skills 기반의 모형
그림출처: http://eightfold.ai/career-exchange/

     지식과 기술의 2배 증가 속도가 100년일 때는 4년제 대학을 나오면 96년을 활용할 수 있었다. 따라서 대학의 학과를 직업과 연결해 교육 체계를 유지하면 되었다. 하지만 지식의 증가 속도가 빨라지는 만큼, 기존 지식의 수명도 점점 짧아지고 있다. 버크민스터 풀러의 말대로 100년이던 지식의 2배 증가 속도가 2030년에 3일이 되면, 대학이라는 시스템으로는 이 속도를 감당하기 힘들게 된다. 기업에서 활용하는 역량 또한 이를 따라가기에는 역부족이다. 이런 측면에서 스킬즈 테크는 새로운 해법으로 등장하고 있다.

2.
직업의 새로운 화두
업스킬링 & 리스킬링

《사피엔스》의 저자이자 역사학자 유발 하라리는 자신의 저서 《호모데우스Homo Deus》에서 머지않은 미래에 쓸모없는 계급useless class이 등장할 것으로 전망했다. 인공지능과 같은 첨단 기술이 단순 노동을 대신하게 되고, 적지 않은 일자리가 자동화되며, 수많은 노동자가 고용시장에서 밀려난다는 것이다. 그는 '엄연히 존재하지만 할 일이 없는' 이 계급에게 어떤 삶의 의미를 제공해야 하는지, 그리고 이 문제를 어떻게 해결할 수 있을지 물음을 던진다.

그의 이런 물음은 기업 현장에서 현실이 되고 있다. 자동화로 인해 많은 업무가 사라지고, 기존 인력의 활용에 대해 고민의 정도가 심해지고 있다. 이런 현상이 발생하는 원인은 스킬갭skill gap에 있다. 이 용어는 최근의 기업 경영에서 화두로 떠오르고 있다.

스킬갭이란 조직이 필요로 하는 스킬과 구성원들이 가진 스킬 간에 존재하는 차이를 뜻한다. 그리고 이러한 불일치는 오늘날 갈수록 심화하고 있다. 급격한 기술의 변화에 따라 산업 현장에서 필요로 하는 스킬은 급변하는 데 반해 학교 교육과 직업 훈련이 이를 따라가지 못하고 있기 때문이다. 이런 이유로 인해 스킬갭을 줄이는 방법인 업스킬링과 리스킬링에 대한 필요성이 기업에서 크게 증가하고 있다.

업스킬링이란 동일한 일을 더 잘할 수 있도록 돕거나 더 복잡한 역할을 할 수 있도록 기술을 숙련하는 것을 의미한다. 즉, 현재의 기술 수준을 향상시킴으로써 더 높은 가치를 창출하는 것을 목표로 삼는다. 이와 달리 리스킬링은 지금까지와는 다른 직무와 역할을 수행할 수 있도록 새로운 기술을 배우는 것을 의미한다. 이 과정을 밟은 노동자는 기존의 기술이 아닌, 완전히 다른 영역의 역량을 습득함으로써 완전히 다른 역할을 수행하게 된다.

미래학자 앨빈 토플러는 "21세기의 문맹은 읽거나 쓰지 못하는 사람이 아니다. 배우지 못하고, 배운 것을 버리지 못하고, 다시 배우지 못하는 사람이다"라고 언급했다. 다시 말해 끊임없이 학습하지 않는 사람은 미래를 이끌 수 없으며, 그런 사람들이 모인 조직은 시장을 선도할 수 없다. 변화의 속도가 갈수록 빨라지는 시대에, 배움은 학교를 졸업한 이후에도 계속 이어져야 한다. 기억들 역시 이러한 이유로 구성원들의 능력 향상을 위해 업스킬링과 리스킬링에 힘쏟고 있으며 투자를 늘리고 있다.

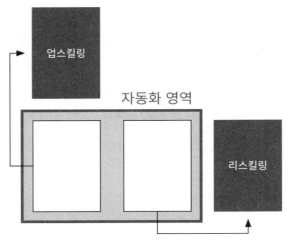

[그림 11] 변화에 발맞추는 기술 교육의 방향

업스킬링과 리스킬링의 사례

기업들은 신입사원의 교육부터 시작해, 승진 대상자 교육, 리더십 교육 등 직원들을 대상으로 하는 교육을 계획적으로 실시한다. 그런데 최근 몇 년간 아마도 기업들은 그 어느 때보다 활발하게 직원 교육에 힘썼을 것이다. 바로 급격히 다가온 디지털 세상에 적응하기 위한 준비로서의 교육이다.

특히 전통 있는 기업일수록 이런 교육에 더 몰두했는데, 미국의 통신사 AT&T는 전사적 디지털 트랜스포메이션digital transformation을 실현하기 위해 2013년부터 모든 임직원을 대상으로 '재교육 프로그램Talent Re-Skilling'을 운영했다. 회사의 디지털 전환을 위해 AT&T는 조직 구성원들을 대상으로 코딩, 데이터과학, 클라우드 기반 컴퓨팅 등의 교육을 제공함으로써 이들의 디지털 역량을 개발에 투자했다. 이 과정에서 쏟아부은 금액은 상당하다. 2013년부터 2016년까지 임직원 교육과 직업능력개발 프로그램에 연간 2억 5,000만 달러를 투자했다. 또한 연간 3,000만 달러 이상을 대학의 기술 프로그램 등록금 지원에 지출하고 있으며, 14만 명의 직원들이 신규 직업능력 및 기술 자격을 취득할 수 있도록 지원하고 있다.

다른 사례로 인력파견 전문기업인 맨파워그룹ManpowerGroup은 프랑스 전역의 6만 700명 이상을 대상으로 수요 스킬 조사를 실시하고, 해당 스킬을 학습할 수 있는 4개월짜리 프로그램을 제공한다. 이 프로그램이 종료된 후에는 '브리지 투 워크Bridge To Work'라는 이름의 매칭 프로그램을 통해 교육 대상자들을 적절한 직책으로 재배치한다. 지금까지 이 프로그램은 IT 고객지원 기술자, 개발자, 고객 서비스 담당자 및 생산 직원 등 다양한 역할에 90%의 매칭율을 자랑하고 있다.

한편 싱가포르는 국가가 나서 평생학습을 지원한다. 바로 성인학습센터Institute for Adult Learning Singapore, IAL인데, 여기서 정부가 자금을 지원하는 '스킬 퓨처 싱가포르Skills Future Singapore, SSG' 캠페인을 실시하며, 지속가능한 교육훈련Continuing Education and Training, CTE을 개발해 시장에 공급하고 있다. 25세 이상의 성인에게는 스킬 퓨처 크레디트Skills Future Credit라는 바우처를 제공하고, 그중 40세 이상에게는 프로그램 비용의 90%에 이르는 보조금을 제공한다. 이를 통해 싱가포르는 평생학습을 위한 효과적이고 혁신적인 시스템 개발을 주도하며, 온라인 학습 포털을 개발해 근로자의 접근성 제고하고 있다. 그뿐만 아니라 교육자 및 학습자의 접근성 제고를 위해 통합 온라인 학습 플랫폼을 구축하고, 개별 기업이 필요로 하는 기술에 대한 정보 제공한다. 또한 직업교육센터Center for Work and Learning, CWL를 통해 지속적인 교육과 훈련 시스템을 설계하고 이를 실행하기 위한 연구를 수행하고 있다.

업스킬링과 리스킬링은 빠르게 변화하는 기업 환경 속에서 기업뿐만 아니라 소속된 구성원에게도 필수 요소로 자리 잡고 있다. 디지털과 인공지능으로 인한 자동화가 없던 시절, 우리는 대학에서 배운 스킬을 토대로 평생 일할 수 있었다. 하지만 하루가 다르게 발전하는 시대에 기존 스킬과 지식을 고수하는 것은 빠르게 도태되는 것과 같은 의미다. 기업의 구성원을 포함한 사회의 일원으로서 우리는 모두 매일 변화하는 환경에 맞춰 새로운 스킬과 지식을 요구받고 있다. 이런 흐름은 일시적인 현상이 아니다. 앞으로 지속적으로 업스킬링과 리스킬링에 대한 요구는 줄어들기보다는 계속 증가할 가능성이 크기 때문이다.

3.
낮에 일하고, 저녁에 공부하고

샐러리맨과 스튜던트의 합성어인 샐러던트는 배워야 할 지식의 양이 급속도로 증가하는 경영 환경에서 직장인들에게 학습이란 선택이 아닌 필수 요소라는 현상을 잘 반영하고 있다.

급속도로 바뀌는 디지털 경영환경에서 전문가들은 직업의 수명을 일반적으로 3~5년으로 예측하고 있다. 직업의 수명은 새로운 학습 니즈와도 일맥상통하는데, 최소 3~5년마다 새로운 지식을 학습해야 하는 환경 속에서 살아가고 있음을 의미하기도 한다.

기업에서도 업스킬링과 리스킬링을 강조하고 있다. 앞서 살펴본 대로, 업스킬링은 담당하는 업무에서 더 수준 높은 스킬을 갖추는 것, 리스킬링은 다른 분야로의 이동을 위해 새로운 스킬을 습득하는 것을 가리킨다.

직장인도 계속 공부해야 한다

업스킬링과 리스킬링의 등장은 업무 자동화와 밀접한 연관이 있다. 기존에 하던 일이 로봇이나 인공지능에 의해 자동화되면서 사람들은 기존의 직업이 없어지거나, 같은 직업을 유지한다고 하더라도 자동화가 되어가는 반복적 업무에서 벗어나 더 상위의 스킬을 습득해야 한다.

채용 업무를 담당하는 사람들은 과거 채용공고 공지, 서류 심사, 면접 준비, 면접 실행, 채용 후보자 응대 등 많은 반복적 업무를 수행해야 했다. 하지만 최근의 기술 발전은 이런 업무를 획기적으로 자동화시키고 있어 채용 당당자에게 새로운 변화를 요구한다. 채용 담당자의 반복적인 업무는 디지털과 인공지능에 맡기고 채용 전략 수립이나 채용 데이터 분석 등 더 상위의 업무를 수행하기 위한 업스킬링이 필요하다.

리스킬링의 경우 기업이 먼저 나서는 경우가 많다. 아마존은 물류센터 자동화로 일자리를 위협받고 있는 직원들을 위해 2025년까지 직원 10만 명을 대상으로 디지털 기술 훈련에 7억 달러를 투자한다고 발표했다.

《돈이 되는 글쓰기의 모든 것》에 소개된 제프 콜빈Geoff Colvin의 사례를 잠깐 살펴보자. 그는 미국의 저명한 경제 전문지 〈포춘Fortune〉의 편집장으로 일할 때 위대한 사람들을 가까이 접하면서 그들의 비결에 관해 연구했다. 그의 결론은 다음과 같았다. "재능은 위대함과 거의 관련이 없었다. 위대해지는 데는 의도적인 훈련만이 필요하다." 다시 말해 평생학습과 훈련의 중요성을 강조한 것이다.

디지털 시대 샐러던트의 평생학습 방법

'배움에는 왕도가 없다'는 격언이 있다. 왕이라 할지라도 더 빨리, 더 쉽게 배울 수 없다는 뜻이다. 더 빠른 속도로 변해가는 미래에 뒤처지지 않기 위한 공부에도 특별한 비법은 없을 것이다. 다만, 이미 학업이 본업이 아니게 된 이들에게는 배움에 대한 동기부여가 될 몇 가지 비법이 있다. 여기에서 세 가지를 소개하겠다.

○ 안전지대를 벗어나라

우리의 두뇌는 순간순간 자신이 기울이는 노력과 자신이 처한 환경에 따라 계속 재창조되고 있다. 1996년 캘리포니아의 솔크 생물학 연구소는 완전히 다른 두 개의 환경에서 성장한 쥐의 두뇌를 비교한 연구 결과를 영국의 과학 잡지 〈네이처Nature〉에 발표했다. 40일간 행해진 이 연구에서 한 그룹의 실험용 쥐들은 장난감과 운동용 바퀴, 터널 등이 제공된 넓은 사육장에서 성장했다. 반면 다른 그룹의 쥐들에게는 평범한 실험실용 사육장에서 먹을 것과 물만 제공했다.

한쪽은 학습과 자극이 주어지는 환경, 다른 한쪽은 아무 자극도 주어지지 않는 평이한 환경이 제공된 것이다. 그 결과, 넓은 공간에서 장난감을 갖고 생활한 쥐들의 경우 뇌세포, 즉 뉴런의 수가 약

15% 늘어나 있었다. 숫자로 계산해보면 뇌세포가 평균 4만 개 더 많은 것이다. 솔크 생물학 연구소의 프레드 게이지Fred H. Gage 교수는 이렇게 말한다.

"이번 연구는 뇌의 형성이 끝나지 않은 새끼 생쥐들을 대상으로 한 것이 아니라 다 자란 어른 생쥐들을 대상으로 했다는 점에서 놀랍다. 이 결과를 사람의 학습 및 정신 개발과 관련해 적용해본다면 나이가 많다고 해서 늦는 것은 아무것도 없다. 어린 시절에 자극이 많은 환경에서 자라는 것도 중요하지만, 나이 든 상태에서도 지적 자극은 뇌의 형성에 여전히 영향을 미칠 수 있다."

평생학습을 위한 첫 번째 방식은 안전지대에서 벗어나는 것이다. 익숙한 환경, 자극이 없는 환경에서 사람들은 안주하고 새로운 학습을 필요로 하지 않는다. 성장하고 발전하기 위해서는 의도적으로 새로운 환경에 노출될 필요가 있다. 학습 프로그램 또는 커뮤니티에 참여하거나, 직장 내에서 새로운 기회에 자발적으로 지원할 필요가 있다. 이런 자극은 학습 욕구를 불러일으켜 새로운 성장의 발판 역할을 한다.

○ 함께 성장하라

《HR 테크 혁명》에 소개된 구글의 소셜 러닝social learning이라는 프로그램이 있다. 구글의 직원들이 자발적으로 교육 프로그램을 만들어 동료들을 가르치거나 함께 학습할 수 있는 시스템인 G2G(구글러 to 구글러) 프로그램이다. 강의는 리더십, 협상 같은 일반교육부터 데이터 분석, 파이썬 개발언어 교육 등 기술교육까지 광범위하

248

다. 구글에 따르면 전체 교육 프로그램의 80% 정도가 G2G를 통해 이루어지고 있으며 6,000명 이상의 직원들이 G2G 학습 프로그램에 자발적으로 참여하고 있다. G2G 프로그램을 통해 가르치는 직원(G2Ger)은 회사에서 선정한 인물들이 아니라, 자신의 지식을 타인에게 전수하는 데 성취감을 느껴 자발적으로 지원한 직원들이다.

성인학습 이론 중 702010 모델이 있다. 배움의 70%는 업무 경험에서, 20%는 타인을 통해, 그리고 10%만 교실에서 학습한다는 것이다. 성인 학습자들의 90%는 업무 현장 및 타인과의 대화를 통해 학습한다. 업무 현장의 배움은 스스로 터득하는 부분도 있지만, 대부분 타인과 함께 생활하며 이루어진다. 따라서 주변 사람과 함께 성장하고 발전하는 마인드와 실천이 필요하다.

'교학상장敎學相長'이라는 단어처럼, 우리는 함께 가르치고 배우며 성장한다. 성인이 되어서도 변화하는 시대에 맞춰 걸어가고 싶다면, 배움이 일어나는 커뮤니티와 모임에 적극적으로 참여하는 노력이 필요하다.

○ 실패를 통한 학습

새로운 시도는 과거에 검증된 바가 없으므로 성공을 보장하지 못한다. 이러한 이유로 수많은 기업이 어느 정도 실패를 감수해야 하는 위험한 선택을 하기보다는 당장 급박하고 큰 문제가 있기 전까지는 현상을 유지하려고 한다. 특히 실패를 용인하지 않고 그 위험을 조직의 구성원들에게 부담시키는 기업에서는 기존의 낡은 사고를 버리는 것은 거의 불가능하다.

빌 게이츠 마이크로소프트 회장은 실패를 부정적인 것으로 받아들이지 않고 변화를 위해 필요한 경험으로 수용한다면, 오히려 새로운 창조와 혁신의 가능성을 높일 기회라고 이야기한다. 그예로, 큰 비용이 들어간 여러 번의 실패가 마이크로소프트의 더 큰 성공을 위한 학습과 기회가 되었다고 역설했다.

○ 낭비라고 할 수도 있었던 오메가Omega라고 하는 데이터베이스 프로그램의 실패는 결국 마이크로소프트에서 가장 유명한 마이크로소프트 액세스Access를 탄생시켰다.
○ 수백만 달러의 돈과 엄청난 시간을 투자한 IBM과의 운영체계operating system, OS 프로젝트는 중단되었지만, 이것은 훗날 윈도 NTWindows NT의 개발로 이어졌다.
○ 로터스Lotus 1-2-3보다 진보된 개념의 스프레드시트를 제작하려던 프로젝트의 실패는 마이크로소프트 엑셀Excel의 발전에 큰 도움을 주었고, 모두가 잘 아는 것처럼 엑셀은 경쟁자를 물리치고 시장을 선점하게 되었다.

분명한 것은 빌 게이츠가 이러한 실패 내지는 역경으로부터 성공을 보는 눈을 키웠다는 것이다. 그래서 그는 자신과 비슷한 상황에 처한 개인과 조직이, 성공이 잠재되어 있는 실패로부터 다양한 성공을 끌어내도록 많은 도움을 주었다.

3M의 CEO를 지낸 윌리엄 맥나이트William Mcknight 회장 역시

경영자가 실패를 용인하지 못한다면 구성원의 창의성도 말살된다며, 실패는 누구라도 할 수 있고 그것은 언젠가 더 큰 성공의 원천이 될 수 있다는 경영방침을 입버릇처럼 강조했다. 성공한 기업들은 모두 실패가 변화와 혁신의 중요한 기회가 될 수 있음을 지적하고 있는 것이다. 실패는 무엇보다 변화에 대한 필요성을 인식하게 해주는 결정적 계기가 될 수 있다. 실패의 원인이 무엇인지, 그리고 실패를 극복하기 위해 어떤 역량이 필요한지 고민하는 과정에서 기업들은 기존에 조직이 가지고 있는 인식의 틀이 지닌 문제점을 파악하게 된다.

하지만 실패의 교훈을 살리지 못하고 잘못된 악순환의 학습을 계속하게 되면, 이는 오히려 새로운 시도나 변화를 가로막고 두려움으로 인한 패배주의를 학습하는 계기가 될 수 있다. 저명한 경영학자 톰 피터스Tom Peters는 실패에 대한 과도한 학습은 오히려 조직을 경직되게 만들어 변화를 시도하지 못하게 하는 장벽이 될 수 있음을 경고했다.

급격한 환경 변화는 개인과 조직 모두에 사고방식, 경영 방식, 활동 방식을 쉴새 없이 바꾸도록 요구하고 있다. 학습 조직을 구축해 지속적인 변화를 꾀하는 것은 성공을 위한 필수적 과정이다. "비우지 않으면 채워지지 않는다"는 옛말처럼, 새로운 것을 얻기 위해서는 오래된 것을 포기할 수 있어야 하기 때문이다. 실패는 그 자체가 결론이 아니라 새로운 사고와 도전을 위한 밑거름이다. 그러한 점에서 학습을 통해 변화를 추진하기 위해서는 새로운 지식에 대한 학습과 과거의 사고방식을 버릴 수 있는 과감한 용기, 실패를 두려워하지 않는 도전정신이 필요하다.

세계적인 첼리스트 파블로 카살스Pablo Casals가 95세를 맞았을 때 기자가 질문을 던졌다. "카살스 선생님, 선생님은 이제 95세고 세상에서 가장 위대한 첼리스트로 인정받고 있습니다. 그런데 아직도 하루에 6시간씩 연습하는 이유가 무엇입니까?" 카살스가 대답했다. "왜냐하면 나 자신의 연주 실력이 아직도 조금씩 향상되고 있기 때문이오."

위대한 업적 뒤에는 평생 계속되어온 연습과 노력이 있다. 우리는 이런 사례를 수없이 접해왔다. 그들의 학습과 성장의 노력은 자신을 단련시켜 더 높은 곳으로 갈 수 있는 열쇠가 되었다.

평생학습은 이제 선택이 아닌 필수가 되고 있다.

4
'학습력'이 개인의 경쟁력

새해 계획을 세우는 것은 많은 사람의 연간 이벤트다. 새해를 앞두고 사람들은 다이어리와 플래너를 구입하고, 커피전문점에서는 다이어리 증정 이벤트를 매출 증진의 기회로 삼는다. 이벤트 전쟁에 참전해서 얻은 여러 다이어리 앞장에는 새해 실행계획이 적혀 있고, 그 안에는 언제나 체중감량 계획과 자기계발, 재테크 계획이 위치한다.

과거에는 자기계발을 위해 대학원에 진학하거나 전문학원에 등록하는 것이 일반적이었다. 자기계발에는 많은 시간과 돈, 노력이 요구되었고 포기해야 할 것도 많았다. 하지만 지금은 마음만 먹으면 무료로 배울 기회가 스마트폰 바탕화면 위에 널려 있다. 무료 학습 앱, 고등교육의 기회를 국민 모두에게 제공하는 공공 무크, 재직자

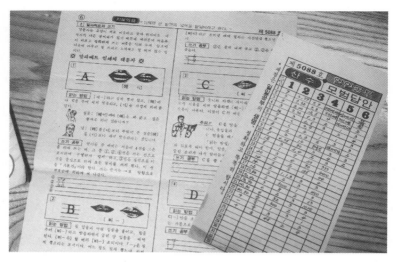

[그림 12] 구독형 학습지의 전신인 '일일공부'
출처: https://blog.naver.com/laon365/220249158533

와 구직자의 직무역량 강화를 위해 정부가 지원하는 교육훈련 프로
그램이 그것이다.

　앱만 깔면 전문가의 일대일 멘토링을 받을 수 있고, 인공지능이
석 달 후 내 토익점수를 예측해주며, 내가 쓴 영작문에 전문가 수준
의 첨삭을 제공한다. 하루에 공부할 만큼만 콘텐츠를 보내주는 구독
형 서비스도 있다. 다양한 언어를 배울 수 있는 학습 서비스 '듀오링
고'의 경우 레슨을 완료하면 보석이 주어진다. 보석은 듀오링고에서
사용할 수 있는 가상 화폐로, 상위 리그로 올라가는 데 필요하다. 가
장 높은 다이아몬드 리그에서 1등을 하면 1등 황금 배지와 300개가
넘는 보석을 받고, 계속 다이아몬드 리그에서 경쟁할 수 있다. 이러
한 경쟁 메커니즘에 어른, 아이 할 것 없이 열심히 언어를 학습한 결

과, 가장 성공한 언어교육 서비스에 등극했다. 어렸을 적 매일같이 집으로 배달되었던 일일공부, 미션 달성 시 차곡차곡 채워지던 포도 스티커의 진화된 버전이다.

이처럼 오늘날 교육 서비스는 무료강좌와 구독경제, 게이미피 케이션의 흐름을 타고 큰 시장을 형성하고 있다. 덕분에 우리는 열 정만 있으면 뭐든지 손쉽게 배울 수 있는 세상에 살고 있다. 지식의 평등은 기회의 평등을 실현하는 강력한 원동력이다.

학습도구로 주목받는 유튜브

사회 변화를 이해하고 신기술이나 트랜드에 관한 지식과 정보 를 빠르게 습득하는 것이 중요해지고 있다. 하지만 새롭게 생성되는 그 모든 지식을 초중고와 대학에서 모두 알려주기는 불가능하며, 자 발적이고 전문적인 지식공유 행위자의 도움을 받아 개인이 스스로 부지런하게 지식 정보의 업데이트를 이뤄나가야 한다.

과거에는 지식을 구하기 위해 그것을 알고 있는 전문가를 직접 찾아가 배우거나 책을 찾아보는 방법밖에 없었다. 하지만 인터넷이 발달하면서 국어사전부터 시작해서 전문 분야의 논문까지 인터넷 을 통해 쉽게 접할 수 있게 되었다. 인터넷이라는 플랫폼 위에 다양 한 디지털 매체가 제공되면서 아이부터 어른까지, 맞춤법부터 최신 과학지식까지, 지식의 장벽이 사라진 것이다.

수많은 디지털 매체 중에서도 유튜브가 유용한 학습도구로 평가받고 있다. 유튜브에서 제공하는 콘텐츠의 장점은 정보성, 오락성, 상호 작용성에 있는데, 이는 학습자의 몰입을 촉진하는 데 매우 효과적이다. 정보를 전달할 때 시청각적 요소를 풍부하게 활용하면 정보를 훨씬 입체적으로 제공할 수 있는데, 이는 사람의 뇌가 정보 전달 방법이 많아지면 학습과 기억의 효과가 높아지도록 설계되어 있기 때문이다. 그렇기 때문에 유튜브를 통해 제공되는 디지털 영상은 상대적으로 적은 노력으로도 정보 습득이 쉽도록 도와준다. 연구자들도 유튜브가 디지털 네이티브인 학습자들이 쉽게 접근할 수 있는 채널로, 다양한 주제와 최신 버전의 콘텐츠를 빠르게 제공하기 때문에 학습 자료로 활용도가 높다고 주장한다.[1]

유튜브는 신속한 정보 전달 측면에서 이러닝 등 다른 학습 방법과 비교해 효과적이다. 이러닝은 기승전결의 완성형 구조를 갖추고 있어서 내가 이미 알고 있거나 알고 싶지 않은 내용까지 학습해야 하는 불편함이 있다. 최근 마이크로 러닝이라고 해서 학습 단위를 분절하고는 있지만, 궁금증만 핀셋으로 뽑아서 빠르게 해소하길 원하는 요즘 사람들에게는 지루한 방식이다. 그러나 유튜브는 검색을 통해 자신의 지적 호기심과 구체적인 스킬을 본인의 선호하는 방식으로 습득할 수 있다. 다만 여기에는 검색의 노하우가 요구된다. 가령 '이산확률변수'라는 키워드를 넣고 유튜브 검색을 해보면 대학교수, 학원강사, 대학생, 심지어 중학생이 올린 콘텐츠가 올라와 있고, 콘텐츠 러닝타임도 3분에서 35분까지 다양하게 편성되어 있다. 자

---

1 차승봉과 박혜진(2020), 유튜브 활용 학습에 대한 기대일치, 인지적 태도, 정서적 태도가 유튜브 재이용 의향에 미치는 영향

신의 수준에 가장 적절한 콘텐츠를 선택해서 들으면 된다. 만물상에 버금가는 다양한 구색, 생동감 넘치는 콘텐츠, 다른 사람들과 자유롭게 의견을 주고받을 수 있는 자유로운 댓글 창, 알고리즘을 통한 콘텐츠 추천은 개인화에 최적화된 유튜브의 특장점이다. 내용이 괜찮으면 '구독 버튼'을 눌러 지속적으로 학습하면 된다.

국내에서도 유튜브로 교육 서비스를 제공하는 개인과 기업이 늘고 있다. 사회탐구 분야의 인기 강사로 유명한 이지영 씨는 2019년부터 유튜브 채널을 운영하고 있는데, 학습 영상 외에도 공부법이나 동기부여에 관한 클립을 공유해 40만 명의 구독자를 보유하고 있다. 넉넉지 않은 가정 형편으로 EBS 강의를 들으며 대학 진학을 꿈꿨고 덕분에 좋은 대학을 졸업한 후 학원강사로 활동하면서 가난한 아이들도 돈 걱정 없이 공부할 수 있도록 EBS와 유튜브를 통해 무료 강의를 제공하기 시작했다고 한다.

엄청난 구독자 수를 모은 유튜브 강사는 재벌 못지않은 슈퍼 리치의 반열에 오르기도 한다. 선한 동기를 가진 지식 공여자의 선행과 유튜브로 돈과 명예를 쌓고 싶은 사람들의 욕망이 얽혀 유튜브는 역동적인 생태계를 형성하고 있다.

유튜브 학습의 주의점

유튜브 코리아는 공식 홈페이지를 통해 그들의 목표가 크리에이터부터 교실에서 수업을 받는 학생들, 나아가 전 세계의 학습자까지 누구나 더 쉽게 학습할 수 있도록 돕는 것에 있음을 강조하고 있다.[2] 영국의 경제연구소 옥스퍼드 이코노믹스 Oxford Economics가 발표한 '한국의 기회를 위한 플랫폼: 2021년 한국 내 유튜브의 경제적, 사회적, 문화적 영향력 평가' 보고서에 의하면 사용자의 94%가 유튜브를 사용해 정보와 지식을 수집하는 것으로 나타났다.

다만 유튜브로 학습을 진행하고자 할 때는 몇 가지 주의할 점이 있다. 크게 두 가지만 살펴보면, 우선 학습자들이 유튜브의 다른 유혹에 빠지지 않도록 주도적으로 학습해야 한다는 사실이다. 유튜브에는 비단 교육 콘텐츠만이 아니라 다양한 오락 콘텐츠가 있다. 연령대가 어린 자녀들 같은 경우 부모가 관리·감독하지 않으면 그 효과 역시 떨어질 수밖에 없다. 통제되지 않는다면 안 하느니만 못하게 된다. 또 다른 하나는 콘텐츠의 신뢰도다. 유튜브는 방송이나 책과 달리 검증되지 않은 콘텐츠가 전 세계에서 올라온다. 올바른 지식인지, 사실인지, 의심하고 검증하는 습관이 없다면 잘못된 지식을 받아들이게 될 수도 있다. 따라서 유튜브를 이용할 경우 학습자 자신이 이런 점에 유의하고 학습을 진행해야 한다.

부모는 유튜브를 통해 학습하는 것이 아이의 학업 스타일에 맞는다면 유튜브 채널을 선별해서 구독하게 하고 광고 스트레스 없이 학습에 집중하도록 유료 서비스를 이용하는 방법도 있다. 유튜브를 단순히 유희의 도구로 활용하지만 말고 지식과 정보를 수집하는 수단으로 이용한다면 꽤 괜찮은 학습도구가 될 것이다.

2   https://youtube-kr.googleblog.com/2022/10/blog-post_18.html?m=1

공부병에 걸린 우리, 선택과 끈기가 답

공부는 비단 학생들만 하는 게 아닌 세상이 되었다. 자고 일어나면 변하는 세상에서 우리는 매일매일 새로운 걸 익히고 변화의 속도에 따라가기 위해 학습해야 하는 '평생학습자'가 되어야 한다.

언론사나 출판사, 금융기관에서 보내오는 리포트는 세상의 빠른 변화를 이해하는 데 도움이 된다. 매일같이 유용한 정보를 일곱 개씩 선별해서 보내주는 뉴스 서비스를 구독하는 나는 이 서비스가 정보의 홍수 속에서 사실과 변화의 흐름을 파악하는 데 유용해 만족하고 있다. 하지만 다양한 채널로부터 쌓이는 콘텐츠 중에는 한번도 보지 못한 콘텐츠도 상당수다. 새로운 지식이 머리에 쌓여야 하는데, 봐야 할 목록에 재고처럼 차곡차곡 쌓인다. 지성인을 꿈꾸며 매월 다섯 권씩 책을 사겠노라고 다짐하고는 1월에 산 책을 연말까지 읽지 못한, 유통기간이 다한 버킷 리스트와 다를 바 없다.

사실상 우리는 일상이 공부이자 학습인 시대에 살고 있다. 뭔가를 배우지 않으면 나만 뒤처지는 느낌에 진학하고 자격증을 모으고 필요한 역량을 습득하고, 이것을 이력서에 하나하나 채워 나가며 스스로 안도한다. 우리는 지나칠 정도로 호된 공부병을 앓고 있다. 일과 자기 계발, 개인적 삶의 저글링을 위해 더 전략적인 학습이 필요하다. 현재 유튜브에서 어떤 콘텐츠를 구독하고 있는가? 학습 앱은 몇 개나 깔려있고 이중 꾸준하게 접속하는 앱은 몇 개나 되는가? 구독 콘텐츠는 밀리지 않고 차근차근 읽고 있는가? 플랫폼이 쏟아내는 지식과 정보에 압사당하지 않기 위해서는 다양하고 수평적인 배움의 기회가 있는 플랫폼을 전략적으로 잘 이용해야 한다.

지금 내 자녀가, 또 내가 구독하고 있는 유튜브 콘텐츠의 목적을 유희와 성장으로 구별해보고 균형을 이루고 있는지, 불필요한 주제는 없는지를 확인해보자. 좋은 콘텐츠와 채널을 선별해서 꾸준히 읽고 학습하는 것, 이보다 좋은 학습법은 없다.

5.
대학 시스템 vs. 평생교육 시스템

　　세계 최고의 미래학자로 꼽히는 앨빈 토플러는 한국에 방문해서 "수많은 청소년이 미래에 필요하지 않을 지식과 존재하지도 않을 직업을 얻기 위해 하루 15시간 학교와 학원에서 시간을 낭비하고 있다"고 말했다. 대한민국의 대학입시 중심 교육 시스템에 대한 안타까움이 드러나는 대목이었다. 미국의 비즈니스 및 기술 인터넷 뉴스 기업 비즈니스 인사이더Business Insider는 구글, 애플, 넷플릭스Netflix는 직원 채용에 4년제 대학 졸업장을 더는 요구하지 않는다고 말하며, 이것은 비즈니스의 표준이 될 것이라 설명했다.

　　이러한 글로벌 석학의 의견과 사회적 환경 변화와는 달리 대한민국의 교육 시스템은 대학입시 중심으로 점점 더 고도화되어가고 있는 현실이다. 인재 육성 시스템이 학벌 중심에서 실력 중심으로의

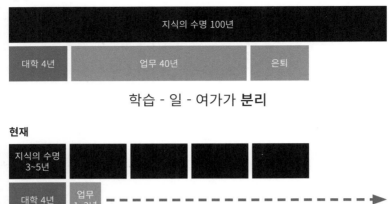

과거

지식의 수명 100년		
대학 4년	업무 40년	은퇴

학습 - 일 - 여가가 **분리**

현재

지식의 수명 3~5년				
대학 4년	업무 1~2년			

학습 - 일 - 여가가 **결합**

[그림 13] 평생학습이 필요한 이유

변화하는 흐름을 거스르고 있는 것이다.

대학 중심의 시스템이 바뀌어야 하는 또 다른 이유는 학생들의 행복 때문이다. 지금의 시스템에서 명문대 입학 비율은 2% 불과하고 서울에 위치한 대학의 경우 10%밖에 안 된다. 10%의 승리자와 90%의 패배자로 나뉘어 학생들에게 고통을 줄 수밖에 없는 구조다. 대다수의 패배자를 양산하는 이 구조에서 벗어나 각자의 적성과 재능을 살리고 사회의 일원으로 적응할 수 있도록 돕는 새로운 시스템이 필요하다.

기존의 대학 중심 시스템에서 새로운 시스템에 대한 요구는 지식의 수명과 깊은 관련이 있다. 우리는 앞서 지식의 수명에 관한 버크민스터 풀러의 '지식의 2배 증가 곡선'을 살펴봤다. 산업화 시대에 지식이 2배로 늘어 새로운 지식으로 대체해야 하는 시기는 100년 정도여서, 대학을 졸업하고 직장에 취업하면 배운 지식만 가지고 40년 이상 같은 일을 하면서 살 수 있었다. 대학의 교육은 직업과 같은 선상에 있었고 좋은 대학은 좋은 직장 또는 직업이라는 상관관계가 성립했다. 좋은 대학은 성공적인 삶을 보장하는 보증수표와도 같은 역할을 했다.

그런데 최근 기업의 HR담당자들 사이에서는 기술의 수명이 3~5년밖에 되지 않는다고 회자된다. 그만큼 지식의 유효기간도 짧아졌다. 대학에서 4년을 열심히 공부해도 그 지식을 업무에 쓰는 기간은 1~2년이 채 되지 않는다. 지식의 빠른 변화는 사람들에게 평생학습을 요구하며, 학습과 일이 분리되지 않고 동시에 일어나는, 일과 학습의 결합 시대를 요구한다.

약해져 가는 대학의 경쟁력

높은 보수를 받으려면 좋은 직업이나 직장을 가져야 했고 그 수단은 좋은 대학 졸업장이었다. 오랫동안 이어온 이 공식은 우리를 대학에 집중하게 만들었다. 여기에는 사실 그럴 만한 이유가 있었다 대학의 경쟁력은 크게 세 가지로 나누어 보고, 이것이 약화되는 이유도 함께 살펴보고자 한다.

○ 질 좋은 강의

대학은 질 좋은 강의를 하는 교수진을 채용해 콘텐츠를 소속 대학의 학생에게 독점적으로 공급해 왔다. 질 좋은 강의는 우수한 학생을 유치하게 해주었고, 우수한 학생으로 인한 대학의 브랜드는 다시 훌륭한 교수진 채용으로 이어지는 선순환의 고리를 형성하며 경쟁력을 확보해 나갔다.

무크는 질 좋은 강의라는 대학의 경쟁력을 쇠퇴시키는 역할을 했다. 스탠퍼드, 하버드, MIT의 강의를 인터넷을 통해 무료로 들을 수 있는 시대를 열었기 때문이다. 온라인으로 전 세계 어디서든 최고의 강의를 들을 수 있게 되자 대학만이 가진 콘텐츠는 그 가치가 점차 줄어들고 있다. 여기에 테드, 유튜브 등 온라인에서 다양한 연사들의 강의가 무료로 쏟아지면서 대학이 더는 콘텐츠 독점권을 가진 집단이 아니라는 인식이 퍼지고 있다.

○ 우수한 학생의 선택권

대학, 특히 상위권 대학의 경우 우수한 학생을 선택할 수 있는 권리를 가지고 있다. 인기 있는 대학과 학과의 경우 지원자가 너무 많아서 수요가 공급을 초과하는 현상이 발생한다. 대학은 수많은 지원자 중에서 우수한 자원들을 선택할 수 있다. 이런 우수한 자원들의 모집은 그 자체로도 대학에 엄청난 경쟁력으로 작용했다. 대학이 제공하는 프로그램 외에 상호 작용과 서로 긍정적인 영향력을 교환하며 대학의 수준을 올려놓을 수 있기 때문이다.

유다시티의 창업자 서배스천 스런Sebastian Thrun 교수는 '컴퓨터 과학' 과목을 200명의 스탠퍼드 학생에게 가르쳤다. 이와 더불어 같은 내용을 무크를 통해 수강생 16만 명에게 온라인으로 가르쳤다. 스탠퍼드에서 가장 잘한 학생의 점수는 무크 수강생들 중에서 413등에 해당하는 성적이었다. 스탠퍼드는 학생의 선택권이 있는 대학이다. 학생들은 매우 어려운 과정을 통과해 스탠퍼드에 입학한다. 하지만 사례에서 보는 것처럼, 전 세계 무크 수강생들과 학업성취도를 비교했을 때 스탠퍼드 학생의 학습 능력이 우수하다고 말하기에는 어려울 것이다.

대학이 가진 우수한 학생의 선택권이라는 경쟁력도 디지털로 모두가 연결되는 시대에 그 의미는 약화되어 가고 있다.

한편 우리나라의 경우 학령인구가 급감하고 있다는 사실 역시 대학에 위협이 되고 있다. 우수한 학생의 선택권은 학령인구가 많아서 대학에 지원자가 많을 때나 가능한 일이었다. 그런데 교육부 자료에서 입학정원 대비 입학 가능 자원(재학생 및 재수생, 대학 진학률로 추산)을 보면 입학정원이 2018년 기준으로 47만 7,218명이었다면, 입학 가능 자원은 2021년 42만 893명, 2023년 40만 913명, 2024년 37만 3,470여 명으로 급감한다. 대학 입학정원을 2021년부터 입학 가능 자원이 밑돌기 시작해 그 속도가 빨라지는 형국이다.

인구가 확장되는 시기에 대학은 일부의 인원만이 들어갈 수 있는 곳이었다. 하지만, 이런 시대가 지나 저출산 시대에 진입하고 있다. 2013년 45만 5,787명에서 10년이 지난 2022년 신생아 수는 26만 3,176명으로 거의 절반 가까이 줄었다. 대한민국의 합계출산율은 0.78명으로 10년째 OECD 국가 중 최하위를 기록하고 있다. 남녀가 결혼해서 아이를 한 명도 낳지 않는다는 것이다.

2022년 출생아가 대학에 가는 2041년에는 26만 명 중에 대학 진학률인 73.3%(2022년 전국 고교 대학 진학률)인 19만 명 정도만 대학에 갈 것이다. 이는 지금의 대학 정원에 절반도 안 되는 수준이다. 시간이 갈수록 대학은 수요가 공급을 초과하는 곳이 아닌 공급이 수요를 초과하는 시장으로 흘러갈 것이다. 학령인구의 변화는 대학의 미래에 상당한 영향을 줄 사안인 것은 자명하다.

○ 학연 네트워크

대학의 또 하나의 경쟁력은 인맥, 즉 네트워크였다. 동문과 동창, 동기 모임이라는, 대학이 주는 혜택을 사람들은 높이 샀다. 대학의 네트워크는 중요한 정보가 오가는 귀중한 통로였기 때문이다. 이런 이유로 좋은 대학을 가고, 동료, 선배 및 후배들과 인맥을 잘 유지해 지속적으로 고급 지식과 정보를 유지하는 것이 성공을 향한 지름길이었다.

디지털은 이런 네트워크의 의미 또한 퇴색시키고 있다. 디지털이 없던 시절 네트워크는 학연 등을 통해 오프라인으로 사람을 만나는 것이 대부분이었다. 하지만 디지털로 연결된 시대에는 관심사에 따라 좋아하는 분야에 따라 얼마든지 새로운 디지털 인맥을 구축할수 있다. '꼰대' 선배나 생각이 다른 후배를 억지로 만날 필요가 없고, 자신이 좋아하는 분야의 사람들과 디지털로 연결될 수 있는 세상에 살고 있다.

학연이라는 네트워크가 폐쇄적이었다면 디지털 네트워크는 개방되어 있다. 그 가능성 및 확장성이 학연보다 디지털 네트워크가 더 큰 이유일 것이다. 네트워크 측면에서 대학은 그 경쟁력이 점점 작아지고 있다.

평생학습 시스템을 지원하는 대학

급변하는 사회를 지탱하기 위한 교육 시스템으로 변화하기 위해서는 지금의 대학 입시 중심의 교육 시스템에서 평생학습을 지원하는 시스템으로 바뀌어야 한다. 이에 따라 대학은 학령기의 학생뿐만 아니라 사회 및 지역의 평생학습을 책임지는 역할로 나아가야 한다.

직업의 급변하고, 평생학습이 필수적인 시대에 대학과 같은 고등교육기관의 역할이 필수적이다. 또한 기초연구와 더불어 산학 연계를 통해 새로운 혁신을 창출하는 역할 또한 대학에서 할 수 있는 중요한 역할이다. 대학은 좋은 연구진과 좋은 콘텐츠를 가지고 있다. 기업들도 직원들의 평생학습에 투자하고 있지만, 기업 혼자만으로는 연구 환경과 장기적인 측면에서 한계가 있다. 대학이 기업과 연계해 평생학습을 이끌어가는 역할을 해야 한다.

미래 대학의 모습은 우리가 보지 못했던 새로운 모습이 될 가능성이 크다. 오프라인에서 디지털로, 학비를 통한 수익 모델에서 새로운 공공의 모델로, 그리고 대학생 중심에서 평생학습자 중심으로 이동할 가능성이 큰 것이다.

6.
능력 검증의 새로운 표준, 디지털 배지

2023년 5월부터 EBS 다큐멘터리 'K'에서는 '대학 혁신'이라는 주제를 바탕으로 5부작 시리즈를 방영했다. 4부에서 국내 유수의 IT 서비스 업체 인사담당자가 나와서 이렇게 말했다. "우리가 사람을 볼 때 가장 먼저 보는 것은 직무역량입니다." 그리고 학위에 대해서는 이렇게 얘기했다. "학위는 보긴 봅니다. 하지만 참고사항 정도로 봅니다." 이 기업의 면접에서 학위는 단순히 참고사항일 뿐이다. 그리고 직무 경험과 직무역량을 우선시하며 이는 심층 면접을 통해 확인한다.

그동안 학위와 자격은 개인의 능력을 검증하는 좋은 수단이었다. 그리고 디지털이 발달하지 않은 사회에서 학위와 자격은 그 사람의 역량을 판단하는 몇 안 되는 수단이기도 했다.

하지만 디지털화로 인해 정보가 투명해지고 개방되면서 개개인의 역량 또한 다양한 방법으로 확인할 수 있게 되었다. 회사에서 진행한 업무들이 디지털로 기록되고, 다양한 커뮤니티 활동들이 SNS에 기록된다. 또한 직무역량을 발휘했던 흔적은 사내 업무 시스템에 그대로 기록된다. 이런 개개인의 능력을 살펴볼 수 있는 다양한 기록들이 공개되고 활용되면서 학위와 자격의 비중이 점차 줄어들고 있는 것도 사실이다.

사람들의 능력에 대한 세부적인 정보가 없었을 때는 학위와 자격이라는 과거의 성취를 기반으로 사람의 능력을 추측했지만, 지금과 같이 디지털 기록을 추적할 수 있는 시점에서는 과거의 정보가 아니라 현재의 능력으로 판단할 수 있다.

지식과 기술이 빠르게 변화하는 사회에서는 대학에서 무엇을 공부했느냐보다는 현재 어떤 스킬과 능력을 가지고 있느냐가 더욱 중요하다. 지금 이 순간에도 새로운 지식과 기술이 쏟아지고 있는 시대에 대학이라는 과거 타이틀보다는 실질적인 능력을 검증할 표준을 기업들이 필요로 하게 되었다.

이런 필요에 맞게 빠른 지식과 기술의 변화를 반영한 프로그램들이 바로 나노 디그리와 마이크로 칼리지 같은 프로그램이다. 4년이라는 긴 기간의 학위가 아닌 최신 지식을 3~6개월 단위로 학습하고 마스터하는 프로그램들이다. 기업 내에서도 이런 짧은 단위의 프로그램들을 집중적으로 마스터할 수 있는 역량 아카데미Capability Academy가 새로운 트렌드로 자리를 잡고 있다.

지식과 기술의 변화에 따라 다양한 프로그램들이 등장하고, 이를 학위와 자격 프로그램처럼 인증할 필요가 생겼다. 수없이 쏟아져 나오는 짧은 프로그램들의 능력 인증을 통합적으로 관리하는 수단으로, 블록체인 기술 바탕의 디지털 배지가 새롭게 부상하고 있다.

오프라인 중심의 시대에서 우리는 학위나 자격증을 집안에 전시해두거나 보관함에 정리해두었을 것이다. 학위와 자격증이 회사에서 필요하다고 하면 일일이 복사하거나 사본을 발급해 그것을 기관에 제출해왔다.

학위나 자격증이 디지털로 통합 관리된다면 어떨까? 집에 따로 보관할 필요도 없고, 필요할 때마다 일일이 발급할 필요도 없다면 매우 편리할 것이다. 이런 관점에 등장한 것이 바로 디지털 배지다. 디지털로 나의 학습 이수 현황들과 나의 역량들을 보여줄 수 있는 증거들을 디지털 배지로 통합 발급, 관리할 수 있게 하는 것이 디지털 배지다.

디지털 배지를 통해 개개인은 자신의 보유하는 능력과 스킬을 통합 관리할 수 있고 기업의 입장에서는 개개인의 능력뿐만 아니라 기업 전반에서 보유하고 있는 능력과 스킬을 효율적으로 관리할 수 있다. 이런 측면에서 기업과 개인의 디지털 배지 활용은 지속적으로 증가하는 추세를 보인다.

전통적인 학위 및 자격Certifications, Licenses, Diplomas 부문이 기술과 결합해 디지털화하면서 디지털 배지 부분이 함께 성장하는 추세이며, 나노 디그리 부문이 디지털 배지 개념을 통해 직업 교육 분야에까지 점차 확산하고 있다. IT기반 기술 솔루션 기업 테크비오Techvio의 전망에 의하면 디지털 배지 시장은 2021~2025년까지 평균

시장 성장률이 17.6%로 예상하고 있다. 또한 이런 성장으로 2025년까지 시장 규모는 2억 달러에 이를 것으로 예측했다.

디지털 배지와 학습 동기부여

디지털 배지는 학습 동기부여에 어떤 역할을 할까?

IBM에서는 2015년부터 임직원들을 대상으로 디지털 배지를 발행했다. 2020년까지 195개국 약 300만 개의 오픈 배지를 발행했으며, 2022년에는 27개 분야에서 3,000여 종류의 오픈 배지를 발행 중이며 이를 통해 다양한 학습 증대 효과를 누리고 있다. 그 효과 중하나는 학습 동기부여 강화인데, 오픈 배지를 적용하고 나서 학습자수가 129% 상승했으며 학습 수료율 또한 226% 상향되었다. 지속적학습 동기 차원에서의 학습 참여율 또한 강화되었다. 배지 취득자의87%는 앞으로 배지 기반의 학습에 계속 참여하겠다고 말하고 있다.디지털 배지는 학습 동기부여의 차원과 학습 재참여율을 높여 디지털 학습의 약점인 학습 동기부여 강화에 훌륭한 도구로 활용될 수있음을 보여주고 있다.

월마트는 베터 유Better U 프로그램을 통해 임지원의 학위 및 자격 취득을 지원하고 있다. 프로그램 내부에 다양한 학위 및 자격 프로그램들을 입점시키고, 이를 수료할 경우 디지털 배지를 발행해준다. 이렇게 발행된 디지털 배지는 본인 학습 페이지에서 일목요연하게 볼 수 있으며, 취득한 배지에 따른 향후 학습 경로를 맞춤형으로

제공해 학습을 통한 지속적 성장을 유도하고 있다. 이런 디지털 배지는 이직 후에도 계속 활용할 수 있다

평생학습의 시대다. 기업들은 구성원들의 학습을 통한 성장을 독려하고 있다. 급변하는 시대 구성원들의 성장만이 기업의 성장을 담보할 수 있기 때문이다. 최근 기업 내 구성 비율이 급격하게 증가하고 있는 MZ세대 또한 기업들이 학습을 권장하는 요인이기도 하다. 베이비붐 세대의 경우 회사를 선택하는 첫 번째 기준을 급여로 보지만, 각종 조사에서 MZ세대의 최우선 순위의 회사 선택 요인을 개인의 발전과 성장을 꼽고 있기 때문이다.

따라서 학습을 장려하고 동기를 부여하는 것이 개인과 기업에 매우 중요하다. 그 역할을 하는 것이 바로 디지털 배지다. 배지는 개개인의 학습 경로를 안내해주는 역할을 할 뿐만 아니라 취득이라는 보상을 시각화하여 학습 동기를 자극한다.

디지털 배지는 학습자들의 보유 스킬 통합 계좌라고 할 수 있다. 우리가 통합 계좌로 자산을 관리하듯 디지털 배지는 보유 스킬의 통합 계좌 역할을 하게 될 것이다. 이런 보유 스킬(학위 및 자격 포함)들의 통합 관리는 채용, 교육, 배치 등에 다양하게 활용될 것이며, 학습자들에게 학습 동기를 부여하는 주요한 도구로 그 저변을 확대할 것이다.

인재의 기준이 달라지는 미래,
교육도 바뀌어야 한다

교육에 혁명적 변화가 필요하다는 말은 오래전부터 계속되어 왔지만 제대로 실천된 적은 없었다. 그러던 차에 2020년 코로나19 시기에 발생한 '교육 단절'로 인해 우리는 많은 것을 깨달았다. 단순히 교육 단절을 메우기 위한 단기적 조치가 아니라, 어떤 상황에서도 누구나 학습할 기회를 받아야 한다는 점을. 또 학습 격차를 해소하기 위한 맞춤형 교육이 필요하며, 창의적 사고를 협력하고 실천해야 한다.

2020년 이후 유네스코UNESCO: 유엔 교육 과학 문화기구, 마이크로소프트, NPDL 등에서 발간되는 자료를 보면 '교육 재구상' '우리의 미래를 함께 재구상하기Reimagining our Futures Together'와 같이 '재구상'이라는 용어가 많이 사용되고 있다. 여기에는 학제의 개편과 더불어 교과 과정, 교육 방법, 교육 내용, 심지어는 학교의 공간 설계까지도 다시 생각하고 재구성하는 것이 포함된다. 이와 관련해 OECD와 유네스코에서 조사한 자료를 통해 몇 가지 중요한 시사점을 찾아볼 수 있었다.

○ 어떤 상황에서도 모든 학생이 끊김 없는 교육을 받을 수 있는 포용적 교육이어야 한다.

○ 미래 교육을 위해서 협력과 창의성을 토대로 서로를 배려하는 인성을 갖춰야 한다.

○ 학습 격차를 줄이기 위해 학생들의 능력과 수준을 고려한 맞춤형 교육으로 형평성 있는 교육을 해야 한다.

○ 교육 효과를 높이기 위해 기술을 잘 활용하는 방법을 찾아야 한다.

○ 학부모와 지역 사회의 협력과 도움이 필요하다.

○ 어떠한 위기 상황에서도 학생들이 희망을 갖고 미래를 설계할 수 있도록 웰빙을 제공해야 한다.

이러한 자료가 발간된 지 벌써 여러 해가 지났으니 아마도 많은 정책 입안자나 학자들이 이 자료를 접했을 것이다. 그런데 과연 우리나라 교육에 얼마나 어떻게 반영되고 있는지는 의문이다. 정부나 학교에서 다각도로 노력하고 있다고는 하는데, 미래 교육을 위한 변화보다는 성적 위주 또는 생존형 교육에 매몰된 것은 아닐까? 교육 재설계를 실천하기 위한 중장기적인 발전방안을 마련했는가? 여전히 공장형 교육의 틀 속에서 성적 위주의 변화만 찾고 있는 것은 아닌가? 심지어는 다시금 코로나 이전의 교육으로 되돌아가고 싶어 하는 것은 아닌가?

우리나라 학생들은 예나 지금이나 학업, 진로, 취업 부담으로 인한 병마에 시달리고 있다. 소위 '초1병'부터 '대4병'까지 학교에 다니는 16년간 내내 병을 달고 산다. '초1병'부터 '중2병'까지는 신체적 변화와 정신적 성장을 거치면서 자기 정체성을 찾아가는 성장통으로 인해 겪는 병이고, '중3병'부터 '대4병'까지는 진학, 진로, 취업에 대한 고민에서 오는 병이라고 한다. 졸업했다고 해방되는 것은 아니다. 취업을 위한 취준생, 취업했어도 이직을 준비하는 퇴준생, 취업자에게도 생존을 위한 역량 갖추기와 승진 경쟁까지, 끊임없이 심적 고통을 겪고 이로 인한 병마와 싸운다.

여기에는 여러 가지 원인이 있겠지만, 많은 부분이 고교 시절부터 대학까지, 학습 시기에 진로에 관한 고민보다는 성적에 관한 고민이 항상 우선이었기 때문이 아닌가 싶다. 막상 정한 진로조차 개인의 적성과 능력을 바탕으로 설계한 것이 아니라, 성적과 유망직업 기준으로 대학과 전공을 선택했기에 발생한 부작용일 것이다.

좋은 대학에 가고 좋은 직업을 찾고자 하는 것은 모두 미래의 행복을 위해서일 것이다. 우리나라의 엄청난 교육열은 어쩌면 미래의 행복을 담보 받고자 하는 열망의 바로미터일 수 있다. 그런데 정작 우리 아이들은 이로 인해 불행하다고 느낀다. 입시 환경은 수십 년째 변하지 않고, 오히려 더 치열해지고 있다. 하지만 세상은 분명히 변하고 있다. 학교에서 배운 지식은 현실에서 적용하기 점점 어려워지며, 그 괴리는 더욱 깊어지고 있다. 지식의 수명은 갈수록 짧아지고, 4차 산업혁명으로 인한 예상보다 빠른 변화는 모든 산업에서 미래를 예측하기 어렵게 만들고 있다. 이는 교육산업도 예외가 아니다. 사회가 필요로 하는 인재상도 변해가고 있다. 인공지능은 법조계, 의료계 등 공부를 잘해서 얻을 수 있는 직업들을 먼저 위협하고 있다. 그러니 학업 성적이 우수한 인재가 사회에서도 인재가 되는 것은 아니다. 빠른 변화에 적응하는 유연성, 다른 사람과 협업하는 능력, 돌발상황 등에 대처하는 문제 해결력은 공부로 만들 수 있는 것이 아니기 때문이다.

이를 해결하기 위해서는 교육이 뿌리째 변해야 한다. 말 그대로 '교육 혁명'이 필요하다.

교육 혁명이란 모든 학습자가 희망을 갖고 미래를 설계해 학습할 수 있는 환경을 조성하고, 학교와 가정 및 사회가 서로의 인격과 역할을 인정하는 포용적 사회를 만들며, 첨단 기술을 이용해 맞춤형 교육과 지도를 할 수 있는 여건을 갖추는 것을 목표로 교육의 전반을 다시 구상하고 설계하는 것이다.

교육 혁명의 필요성은 알고 있지만 당장 교육산업의 변화에 가장 보수적인 집단 중의 하나가 학부모다. 모든 학부모가 그렇지는 않겠지만, 좋은 대학의 좋은 학과에 입학해야 한다는 목표를 강하게 가진 학부모일수록 교육은 변해야 하되, 내 자녀가 학교를 졸업한 다음이어야 한다고 생각하는 듯하다. 하지만 혁명이 대개 그러하듯이 변곡점이 오면 모든 것이 총체적으로 다 바뀔 수밖에 없다. 그래서 교육 혁명을 맞기 위한 준비는 선택이 아니라 필수다. 나중으로 미루기보다 언제든 맞이할 수 있도록 미리 준비하는 것이 내 자녀와 미래를 위한 길이다.

　모든 학습자가 행복해지기 위해서, 아울러 우리나라의 밝은 미래를 위해서 열린 마음으로 사회와 학교와 가정이 소통하면서 성공적으로 교육 혁명을 이끌어 나가야 할 때다.

참고문헌

가나다순 정리

○ 강민수 외(2022), 메타버스 플랫폼 게더타운을 활용한 교육대학원 수업에서 학습자의 학습 실재감과 몰입감이 학습만족도에 미치는 영향

○ 계보경(2022), 메타버스 기반 교수학습모델 개발연구

○ 계보경(2023), 메타버스 기반 미래교육 학습환경 설계 연구

○ 과학기술정보통신부(2022), 메타버스 신산업 선도전략

○ 교육부(2014), 유초중고 발달단계별 학교 안전교육 7대 영역 표준안 발표

○ 김세영(2023), 메타버스 환경에서의 교수학습모델 도출 및 타당화

○ 김영욱 외(2023), 생성형AI 사피엔스, 생능북스

○ "뇌의 학습방식과 변화 가능성에 대해 왜 가르쳐야 하는가", 교육을 바꾸는 사람들, 2022년 10월 06일 수정, 2023년 5월 21일 접근, https://21erick.org/column/9036/

○ 박성호(2020), 교육의 포용성 모니터링의 필요성. KEDI

○ 삼일PwC경영연구원(2023), 챗GPT, 기회인가 위협인가

○ 서울시교육청(2023), 챗GPT시대, 현장교사에게 묻다

○ 아운, 조지프 E. (2023), AI시대의 고등교육

○ 이지은(2020), 에듀테크로 촉발되는 고등교육의 위기와 기회, Korea Business Review.

○ 임철일(2022), 메타버스의 교육적 활용을 위한 가이드라인 연구

○ 장수명 (2022), 교육에서도 다양성, 포용성이 중요하다.

○ 정보통신기획평가원(2023), 초거대AI의 발전양상과 향후과제

○ 한겨레, 구글AI챗봇 '바드' 전면개방 "영어 다음 지원언어는 한국어"

○ 한국디지털교육협회, 한국에듀테크산업협회(2023), 에듀테크 산업 진흥체계 및 진흥정책 보고서

○ 황경호(2021), 미디어 산업의 새로운 변화가능성, 메타버스. Retrieved from https://www.kca.kr/Media_Issue_Trend/vol45/sub01_01.html

○ Andrew Burnes(2023), Introducing NVIDA ACE for Games-Spark Life

Into Virtual Characters with Generative AI. Retrieved from https://www.nvidia. com/en-us/geforce/news/nvidia-ace-for-games-generative-ai-npcs/

○ ASF(2007), Metaverse Roadmap: Pathways to the 3D Web. Retrieved from https://metaverseroadmap.org \

○ Goldin, Claudia Katz, Lawrence (2010), The race between technology and education

○ Hanne Shapiro Futures(2020). european-approach-micro-credentials-higher-education-consultation-group-output-final-report

○ HolonIQ(2020), Higher Education Digital Capability

○ HolonIQ(2021), Micro and Alternative Credential. Size, Shape and Scenarios. Retrieved from https://www.holoniq.com/notes/micro-and-alternative-credentials-size-shape-and-scenarios-part-1

○ https://beinternetawesome.withgoogle.com/en_us/educators

○ IMD(2022), IMD World Competitiveness Yearbook, Country Profile, Korea REP

○ KEDI(2015), 인성교육 진흥 중장기 발전방안 연구

○ "learning Science", 위키피디아, 2023년 5월 21일 접근

○ Leaser, David(2020), Do digital Badges really provide value to business

○ MS(2019), Preparing the Class of 2030

○ MS, NPDL(2021) Education Reimagined: The Future of Learning

○ OECD(2019), Future of Education and Skills 2030, Learning Compass 2030

○ UK DfE(2022), Keeping children safe in education 2022

○ UNESCO(2021), Reimagining Our Futures Together,, A new social contract for education

○ WEF(2016), New Vision for Education

교육혁명 2030

초판 1쇄 발행 2023년 8월 15일

지은이 이지은, 이호건, 정훈, 홍정민
펴낸이 안병현
본부장 이승은   **총괄** 박동옥   **편집장** 임세미
책임편집 김혜영   **디자인** 용석재
마케팅 신대섭 배태욱 김수연   **제작** 조화연

펴낸곳 주식회사 교보문고
등록 제406-2008-000090호(2008년 12월 5일)
주소 경기도 파주시 문발로 249
전화 대표전화 1544-1900   **주문** 02)3156-3665   **팩스** 0502)987-5725

ISBN 979-11-7061-023-6 03370
책값은 표지에 있습니다.